極限の思想

ドゥルーズ

内在性の形而上学

Gilles Deleuze

山内志朗
Yamauchi Shiro

講談社選書メチエ

le livre

目次

責任編集＝大澤真幸・熊野純彦

前書き

ジル・ドゥルーズ（一九二五〜一九九五）は、二十世紀を代表する哲学者だ。フッサールやハイデガーがアカデミズムの雰囲気を体現しているとすれば、ドゥルーズはそういう気配を漂わせてはいない。二十世紀の後半以降は、哲学という営みは学者然としたものではありえない。構造主義、精神分析、ポストモダンを見ても分かるように、哲学のテキストや概念を管理支配する権限を主張する哲学は過去のものとなった。ドゥルーズは、脱領土化を図り、哲学の領土の中に整然と区画整理された範疇的平面の上を自由自在に飛びまわる。

ドゥルーズは難しいと言われながら、ファンや愛好者は多い。ヨーロッパやアメリカの出版状況を見ても研究書の出版点数も、研究論文の数も多いままで、一時ほどではないとしても、ファンはそれほど減っていないようだ。「今世紀は、いつの日か、ドゥルーズの時代となるだろう」というフーコー（一九二六〜一九八四）の言葉は先見の明を備えていたように思う。

ドゥルーズの思考において、哲学史と哲学の区分もなかったのではないか。哲学史の古い概念群もそのまま現代において蘇るし、現代哲学もまた過去の思想の反復とも見ることはできる。

ドゥルーズは時間の中で様々な異なるテーマを時代・地域・人物において多様に変幻自在に語る。速度においても飛翔する広がりにおいても他者は到底追いつくことができない。そういう意味では理解することはほとんどかなわない思想家だ。

しかし一方で、ドゥルーズは同じメロディーを奏でていたように私には感じられる。同じ響きがずっと鳴り響いているように思う。たとえば、存在の一義性というメロディーを。存在の一義性を奏で始めたのは、中世の哲学者ヨハネス・ドゥンス・スコトゥス（一二六五／六六～一三〇八）だ。私はドゥンス・スコトゥスの思想という密林に入り込み、出てくることができず、そこに住み込むことになってしまった。そこで鳴り響いている音に耳を傾け続けた者として、ドゥルーズの哲学を或る変奏曲（variation）として聴いてみよう。私にできるのはそれだけだ。

現代思想において流行した思想家はたくさんいる。たとえば、エマニュエル・レヴィナス（一九〇六～一九九五）もまた大きなブームとなって、膨大な出版点数を誇った。だが、最近の日本の書店に行くとレヴィナス関連本は以前に比べると激減している。デリダ（一九三〇～二〇〇四）もそうだ。マルクス・ガブリエル（一九八〇～）が書店の棚をにぎわせていた時期もあった。

現代の世代論においては、X世代（一九六五～一九八〇）、ミレニアル世代（一九八一～一九九五）、Z世代（一九九六～二〇一二）と分類されるらしい。X世代以前は〈旧世代〉となる。〈旧世代〉は限界を知らない成長神話のなかで、経済格差や男女格差を当然とする風潮の中で、現代哲学や現代思想を光輝溢れる憧れの対象として見ることを誘惑されながら、アカデミズムの伝統の維持継承を命じられてきた。

現代哲学の流行は目まぐるしく変わり、実存主義、構造主義、ポストモダン、カオス、アフォーダンスなど、流行している期間は様々だが、二十世紀後半以降様々な哲学ブームが生じ、そして消えていった。哲学のブームは一陣の風にすぎない。二十世紀後半はそういう教訓を残してくれた。
それにひきかえ、ドゥルーズ関連本は、あまり減ることもなく量産され続けている。これはなぜなのだろう。ドゥルーズの本は難しくて、分かりにくいのに、それでもブームが続いているのは不思議な感じがする。分からないなりに人の心を魅了する力に充ちているのだ。

ドゥルーズは哲学史の空間を高速で飛び回る青白い鬼火だ。その鬼火の軌跡は、古代から中世を通り、現代、いや未来にも及んでいる。鬼火を追跡し、追いつくことはほとんど不可能だ。その鬼火は自分がどこに向かおうとしているのか、意識の上では見定めていないのかもしれない。私は鬼火の軌跡をたどってみたいのだ。哲学史探訪の後を霊場巡りのようについていきたい。鬼火として見ることが見誤っていて、別の光なのかもしれない。私はどのような光なのか知ってみたいのだ。

私はドゥルーズの思考と白日の下に出会うことはできなかった。学生時代、大学の哲学科の中ではドゥルーズを読んでいること、ドゥルーズを面白いということはタブーだった。少なくとも一九八〇年代の大学院生時代、私はそのような雰囲気を感じていた。世間がバブルで大騒ぎしている中で、私は個人的には精神的にも経済的にも将来的にも暗黒状況の中にいた。そういう暗闇の中で繙いたドゥルーズはまったく理解不可能だったが、独特の怪しい輝きを持っていた。なによりも、禁断の書を読む後ろめたさを背景とする恍惚があった。もちろん、哲学科の中でそれを公言することは憚られた。

ドゥルーズの『差異と反復』の原書を手元に積読《つんどく》状態にしたまま、そして読むというよりもときどき拝むような仕方で目の前にお守り代わりに置きながらドゥンス・スコトゥスのテキストを読み始めた。これまた分からない。本当に分からない。いつもいつも分からないという雲のなかでテキストを読み続けていた。アウグスティヌス（三五四～四三〇）についても『告白』以外は開いたこともなく、トマス・アクィナス（一二二五頃～一二七四）も『神学大全』の第一部の少しだけ授業で習った人間がドゥンス・スコトゥスをラテン語で読み始めたらどういうことが起こるのか、見当すらつかなかった。ドゥンス・スコトゥスを読み始めることが、パンドラの箱を開けることなのだとその頃の人間はおそらく誰も知らなかったのである。

そして、ドゥンス・スコトゥスが存在一義性を扱った基本テキスト『オルディナチオ（命題集註解）』の第一巻第三篇を訳し始めた。ドゥンス・スコトゥスを読み始めてしまったのである。一人では手に負えないからと大先輩である花井一典に助けてもらい、ラテン語の読み方、ハイデガーによるスコラ哲学読解の問題点なども彼から専属の無料家庭教師であるかのように教わることができた。しかし基本的テキストの翻訳が終わっても、スコトゥスの姿は朧気《おぼろげ》にしか見えず、またドゥルーズの思想も見当のつかないままだった。いずれにしても、私たちの世代はドゥルーズに激しく翻弄された。

私はドゥンス・スコトゥスの翻訳に携わったせいで、近代哲学のライプニッツ（一六四六～一七一六）の研究から中世哲学に踏み込んでしまった。中世哲学全体への入門書を求められ、それを『普遍論争』（哲学書房、一九九二年：平凡社ライブラリー、二〇〇八年）としてまとめてしまったので、わが意に反して、中世哲学の研究者になってしまった。しかし、いまだに中世哲学は本業ではなく副業である。

私の人生を歪めてしまった原因の一つはドゥルーズにあると言うしかない。全く分かることなく、スコトゥスもドゥルーズもつまらないと思い込めれば、別の人生が待ち受けていたかもしれない。だからこそ、私自身、ドゥルーズに対してアンビバレントな感情を持ち続けてきた。いつも大嫌いなのに大好きなのである。読んでは憎悪に襲われるから途中で投げ出してしまう。だが憎みながらも、手放せず、読み始めると放り出してしまう。そういう人間としてドゥルーズについて書くことは自分自身の研究をも重ねて書くことになってしまう。自分語りに時々陥ることを予《あらかじ》め弁解しておく。ドゥルーズの専門家としてではなく、私の頭の中で中世スコラ哲学者の引き出しに並べられた一人としてのドゥルーズについて記していく。私には、ドゥルーズもまた現代思想のテーマの一つとしてある中世スコラ哲学者の一人にしか見えないのである。そういう人間がドゥルーズについて本を書くというのだから、人生は生きてみる価値があるとつくづく感じる。

ドゥルーズは、哲学史を読み替える名人なのだが、その概念と言葉はとても「滑りやすい」から、大学院生がそれを研究対象とすることは、ドゥルーズの思考法や文体をハビトゥス（習慣）として取り込むことになり、研究者としての道を自ら閉ざすことになりかねない。そういう危険性を私が習った先生達は気づいていた。

ドゥルーズに溺れないでいられる力量と自分自身の哲学を持っていれば、ドゥルーズの研究をしてもよいとしても、一方的な根拠なき惚れ込みでドゥルーズを研究することを戒めていたのだと思う。ドゥルーズが放つ、遠くにまで及ぶ直観を分有できるのであれば、分有できているという思いを持ち続けられるのであれば、ドゥルーズを研究の題材にするのもよいのだが、内発的な衝動なしに取り組んでよい思想家ではない。

だが、私たちの世代が、二十代後半の頃、ドゥルーズの『差異と反復』を手がかりにして、ドゥンス・スコトゥスの一義性に入り込んだときも、そういう無謀を咎める言動はなくて、むしろドゥンス・スコトゥスや中世の実在論への関心を坂部恵(一九三六〜二〇〇九)が培い始めた時期でもあった。

昔語りをしたいというよりも、ドゥルーズを語ることへの私自身の心理的抵抗感を縮減するためには、このような準備作業が必要なのだ。ドゥルーズを研究することへの抵抗が、哲学の世界には根強く残ったのである。そして、それはドゥルーズに溺れることが研究者としての道を進みにくくするという配慮を含んだものだったということは、確認しておくべきことなのだ。

今でも、ドゥルーズを研究することは、少なくとも大学院生には避けるべき事柄としてとどまっている。学術論文としての条件を満たすことが困難になるからだ。すくなくとも、達成の道のりを難しいものにする。もちろん、若い研究者でドゥルーズについてすぐれた研究者がたくさん出ていることも事実であるが、ドゥルーズを選ばなかったならば、修士論文も博士論文もそこまで苦労せずに済んだであろうという若い研究者を多く見ていると、「鬼門」であることは今でも変わりがないと強く感じる。

ドゥルーズの哲学については、膨大な数の書物と論文と記事が現れ、ほとんどすべてが書き尽くされてきた。何が残っているのか。私がこの本で書きたいのは、ドゥルーズの魅力であり、特に彼が哲学史を根本的に読み替えることによって開拓した新しい平原を概観することだ。二十世紀の後半は、構造主義の四天王（レヴィ＝ストロース、ラカン、フーコー、アルチュセール）に、ロラン・バルトとデリダも加わって華々しく活躍し、その後に登場したのが、ドゥルーズだった。彼は当初はヒューム論から始め、そしてその後登場した主著『差異と反復』『意味の論理学』で深く哲学史にコミットし、古代哲学や中世哲学を詳しく論じた。しかも古代哲学ではストア派やルクレティウス、中世ではドゥンス・スコトゥスやニコラウス・ドートルクール（オートルクールのニコラウス、一三〇〇頃～一三五〇頃）など、研究の進んでいない領域が縦横無尽に論じられていた。現代思想は時代を過去へと遡り始めたとも思えた。

戦後日本の哲学科では哲学史研究、しかもテキスト内在型の注釈型読解が主流であった。テキストをまず一文一文ゆっくりと解釈し、解説を加えていくことこそ、哲学史研究の本筋と思われていた。そういう点から見ると、ドゥルーズは哲学史を読み散らかす、荒っぽい哲学史家に見える。ドゥンス・スコトゥスの存在一義性を適当に読み替え、プラトン、ストア派、ルクレティウス、スピノザ、カント、ニーチェといった哲学者を、読み散らかしているようにも見える。私もそう思っていた時期もあった。

そして、そこに精神分析の過度の導入によって、哲学の枠組みが歪曲しているようにも見える。『アンチ・オイディプス』、『千のプラトー』などは、徹底的に精神分析の枠組みだらけであるし、『意味の論理学』は、ルイス・キャロル（一八三二～一八九八）とストア派と精神分析と記号論とプラトンとクロソウスキー（一九〇五～二〇〇一）がゴチャゴチャに混ざったものに見える。

しかし、ドゥルーズが混乱の極み、ゴチャゴチャに見えるのは彼の言説の「文法」を知らないからであって、ドゥルーズ自身はほとんどいつも、同じことを繰り返していただけではないのか、そんな風に見えるようになってきた。ドゥルーズは石頭のまま真面目一方でテキストを解読しようとはしない。もちろん、彼の若い頃の著作を見ればわかるように、テキストを忠実に読もうとしていた時期もあったし、そういった面が不得手だったわけでもない。テキストを内在的に理解し、解説し、言説を紡ぐことは簡単にできた。しかし、哲学とはテキストを読むための語学力を身につけ、基礎概念を習得し、テキストを読解し、それを解説することであるのか。哲学のそのようなあり方に満足したくなければ、その先に行かなければならない。名人に定石はないと言われる。名人の指した手が定石になる。ドゥルーズがテキストを読む場合も、正しい精確な読みがどこかにあって、それに辿り着こうとするのではなく、正しい読みを創造するのが、ドゥルーズの哲学史なのだ。私はこういう姿を評価する。テキストを正しく読めるのだが、「正しく」よりももっとその先の読み方ができるのだ。もちろん誰もがそれを真似できるわけではないのだが。

ドゥルーズの思想には、「ドゥルーズ節」というのか、通奏低音というべきなのか、「固定観念」というべきなのか、それが分かるというほど、ドゥルーズを読み込んできているわけではないが、それを「感じる」ようにはなってきた。この本で述べるのは、ドゥルーズが哲学史を読み取る際に、常にテキストの上に覆い被せている固定観念、常に同時に鳴り響かせている通奏低音を、彼の哲学史理解に合わせながら鑑賞しようということだ。したがって、ドゥルーズ哲学の研究書というよりも、「鑑賞の手引き」でしかない。それは最初にお断りしておく。

以下、ドゥルーズのテキストにおいて、私が面白いと思っているところを概観しておき、その後で、それぞれの著書に降りていって、哲学史との対応関係を見ていこうと思う。

ドゥルーズの用語はどれも一ひねりしてある。原語が哲学の伝統的な概念であっても、加工が加えられている。例えば、存在の一義性という場合の一義性（univocité）も、一義性の祖であるドゥンス・スコトゥスの理解を踏まえながら、そこにドゥルーズ流の読みが加えられ、そしてuna-vox（一つの声）という語源学的な無理読みが重ねられ、しかしながら、ドゥンス・スコトゥス、スピノザ（一六三二〜一六七七）、ニーチェ（一八四四〜一九〇〇）という普通の読み方ではつながらない流れに一義性の系譜を通じさせるのである。そういう無理読みが結びつき、ドゥルーズ的な配置、アジャンスマン（配列組み合わせ）が出来上がる。一つ一つの用語が、哲学史的な理解と加工、彼自身の他の独自概念との連動と、哲学史の改釈を含んでいて、哲学的なミルフィーユ状態になっている。それが次から次へと飛び交う。一つ一つ解説していると手間取り、ずいぶんと長くなってしまう。一番の問題は高速で飛び交う彼の思索のスピードが引きおこす魅力が消滅してしまう。ジェットコースターに乗ったときのようなスピード感と興奮と眩暈が失われてしまう。しかしそんなものをどうやって解説するのか。しかも日本語でどうやって解説するのか。いちいちフランス語の原語に戻り、ギリシア語やラテン語に遡り、説明するのはできるとしても、つまらない。すると、可能な道筋は、ドゥルーズの用語の厳密な解説や定義は最小限度にとどめ、彼の思想に「乗って」語るしかない。それしかドゥルーズという哲学ジャングルの中での遭難状態から抜け出る方法はない。

訳語もできるだけ慣例的に使用されているものを用いるが、一定の訳が決めにくい場合もある。たとえば、「アレンジメント」という訳語は、フランス語でアジャンスマンだが、それを正確に訳すことは難しいし、他の用語との整合性をどれほど厳密に考えるかという問題もある。「組み合わせ、配置順列」などの訳語も考えられるが、似たような用語にコンステラシオン（概念配置）などがあり微妙である。この辺を緩やかに考えるのが、ドゥルーズ流なのである。なにしろ、ドゥルーズにとって哲学は概念の創造であって、厳密に定義して、思想家の内面を忠実に再現しようとすること自体が彼のぶち壊したかった哲学装置なのだから。彼のためにドラマを作るとすれば、「必殺哲学仕掛け人」はどうだろう。

ドゥルーズ的な「勢い」や「ノリ」をドゥルーズ的にではなく、私流に料理して書いていくしかない。私の役目は、中世哲学のスコラ哲学を舞台にしながら、日本的な修験道的雰囲気や、井筒俊彦的な世界との関連を考えながら、忠実な説明というよりも、なぜドゥルーズが面白いのか、私の思うところを書いていくことだけである。

ドゥルーズの哲学機械は何でも捕食し、それをドゥルーズ的な配列（アジャンスマン）に取り込んでしまう。天衣無縫であって思想の縫い目がない。柄が細かいのに、絵の全体が壮大で、大きな構図になっている。絵柄が細かいだけの思想家であれば、いくらでもいるが、柄が細かく構図も壮大な哲学者となるとこれは滅多に出てこない。

例えば、ドゥルーズは中世スコラ哲学については門外漢だった。でも門外漢であったためなのか、見落とされやすい勘所を押さえ、自分の読みをそこに強引に通す。風通しがよくなって、光があふれる。存在の一義性の理解についてもそうだった。専門的に見れば、誤解しているところも多いのに、全体としてみると、かなり正しい読みになっている。道から逸れて歩いても、叢林から戻り、正道を歩んでいる。その速度が専門家から見ると憎たらしいのだ。彼の中世哲学の読みはとても貴重だ。

実は中世スコラ哲学は巨大すぎて、現在もテキストの発掘中であり、未だに完全な密林状態で、人跡はほんの一部にしか見出せない。中世哲学を見通せる人は誰もいない、これだけは自信をもって断言できることだ。その人跡未踏の密林の中をドゥルーズは高速で駆け抜けてみせるのだから、その駆け抜け方が乱暴でも強引でも憧れる以外に手の打ちようがない。

私がやっていることも、中世哲学に大きな見通しをつけることだ。十二世紀からイスラーム思想の影響を受けて変革を遂げた十三世紀、唯名論の時代たる十四世紀、混乱の中にありながら爛熟を遂げた十五世紀、宗教改革の中で自己変革を余儀なくされた十六世紀、バロックスコラの本領たる十七世紀など、見通しをつけることは、テキスト刊行状況からも、テキストの量の膨大さからも、研究人員の限界からも、一人が一万年生き続けても不可能な状況であり、おそらく永遠に実現されない課題なのである。「見果てぬ夢」ではあるが、その見果てぬ夢の大まかな姿に憧れられるだけでよいのだ。ドゥルーズが、ドン・キホーテばりにスコラ哲学の壁に挑み、しかもちゃんと道を通したことは、数百回のブラボーに値することなのである。

なお、予め記しておくと、ドゥルーズの使用する用語の一つ一つに説明をつけていくことはほとんど不可能であり、しかも現実的ではない。基本用語には初出の際に説明や言い換えを行うが、説明なしに使用する場合もあるかもしれない。順番が前後する場合もあるだろうが、できるだけその近くで説明を行う予定である。

第一章

ドゥルーズという烽火

ドゥルーズを「正しく」紹介することぐらい、ドゥルーズを裏切ることはないように思う。すべて研究し尽くされ私に残されている思想はなさそうだ。私にできることは何だろう。中世スコラ哲学者としてドゥルーズを語ることぐらいだ。同時に私は中世哲学の斬新さを信じている。三位一体論に登場する父・子・聖霊という三つのペルソナを考える場合、ペルソナは人格という人間モデルを抜け出して、「自存するものとしての関係」という先端的な論点を含んでいる。聖霊論はメディア論と結びつくし、文字的記号を基礎とした記号論ではなく、電子的シグナルや記号としての画像をめぐる技術論と結びつく。事物としての存在に拘束されないオブジェクトという発想や、ハビトゥス論（身体的無意識的な能力や観念形態）など、発掘してそのまま活用できる素材はやまほどある。

ドゥルーズもそういった素材を発掘し、自分の哲学の中に率先して組み込んでいった哲学者だ。

〈此性〉——そしてまた経度と緯度——は中世のとても美しい観念であり、神学者、哲学者、自然学者の中にはその分析をはるか先まで推し進めた者もいる。私たちはそれらの観念を異なった意味で用いているとはいえ、この分析で彼らにすべてを負っている。（D:112n 邦訳 D:260 註7、一部変更を加えてある）

〈此性〉はドゥルーズにおいておそらく一番基本になる概念だ。私もまたこの概念へのこだわりから、ライプニッツ哲学の研究から始めて、近世初頭のバロックスコラ哲学、そしてついにドゥンス・スコトゥスにたどり着き、そこに終の棲家を見出した。私は哲学史に対する先見の明において、ドゥルーズを賛美せずにはいられない。

もちろんのこと、哲学史は希望の源泉としてあるばかりではない。それは認めるしかない。大哲学者、たとえば、カント（一七二四～一八〇四）にしろデカルト（一五九六～一六五〇）にしろ、ほとんど研究し尽くされ、もはや新たにオリジナルな論点を出せるような未解明のところはなさそうだ。掘り尽くしてしまい、もはやそこには何も残っていない。目ぼしい哲学者は全部掘り尽くしてしまい、残っているのは採算の合わない哲学者達ばかりだ。

ドゥルーズはどうなのだろう。哲学史研究が、テキストの内在的分析ということであれば、すべて研究し尽くされていると言ってもよい。しかし、哲学史とは掘り尽くされるという性質を持つものとしての対象なのだろうか。哲学史が歴史学の一分野として過去のテキストの分析を事とするだけでしかないとすれば、掘り尽くされているかもしれないが、未来への視座を有し、過去と未来との両方を睨む双面神ヤヌスのような営為だとすれば、未来からの期待によって過去を新たに照らしだすことも試みなければならない。

ドゥルーズを語るスタイルは何が適当なのだろう。ドゥルーズの哲学をドゥルーズ的に語ると全く訳が分からなくなる。ドゥルージアンはドゥルーズの全て、スタイルまでも取り込もうとするから似てくるのは当然だ。哲学者の思想を学ぶとき、内容よりもスタイルを学ぶことから始めるというのは悪いことではない。ただ、ドゥルーズについては、ドゥルーズ的に語るとドゥルーズ業界にしか通じない言説になる。もちろん、それはカント業界でもスコラ哲学業界でも同じことが言える。ただドゥルーズの場合、彼の多様で揺動し続ける言葉遣いのなかで、さらにその揺動さまで取り入れて、語られると、それだったらドゥルーズのテキストを読もうということになる。タコつぼの中での一人語りになってしまう。それも悪いことではないが、ここではドゥルーズ的にではない語り方を目指そう、できるだけ。

いやそもそも、彼は自分の思想を正しく紹介されることを望んだのだろうか。彼ぐらい独自な思想を展開した人は、きっと自信をもって私の思想は理解されないだろうと思っていただろう。理解されることを求める哲学者は必ず読者の奴隷になってしまう。

彼はいつも自分の考えていることを好き勝手に書く。理解できない場合も多いが、彼自身はいつも一貫したことを述べていると思っていたはずだし、私もまた彼の思索を理解できないときでさえ、安心して一貫した流れがあることを前提できる。ドゥルーズにおいて大事なのは、テキストを読む前に彼を理解していることだ。他の哲学者の場合でも、著書のタイトルを見ただけで、内容が或る程度予想できて、テキストの読解がその再確認である経験を持った読者は少なくないだろう。プラトンは想起を語ったが、「予読」ということがあっても奇妙ではないはずだ。

私が思うに、哲学は、他の人から理解され、評価されることを目指してなされる営みではない。誰かに褒められるために、なされる行為ではない。だから、他者から承認されるために哲学をすることは、哲学から承認されないことになると私は激しく思う。

1 ドゥルーズ・シンドローム

ドゥルーズ哲学とは何だったのか、その問いに答えるためには、二十世紀の哲学とは何だったのか、いや哲学とは何かという問いを心に留めて考える必要がある。

最近『世界哲学史』（ちくま新書、全八巻＋別巻、二〇二〇年）という途方もない企画に関わって、そもそも「哲学」とは何か、という問いに立ち向かわざるを得なくなった。起源としてあるギリシアのフィロソフィアこそ哲学であるとして問いかけを止めてしまえば話は簡単である。ギリシアにのみ範型があって、それ以外のものは派生体か亜流であると考えれば、ソクラテス（前四七〇／四六九〜前三九九）、プラトン（前四二八／四二七〜前三四八／三四七）、アリストテレス（前三八四〜前三二二）の思想がどのように継受されていったのか、その系譜こそ哲学ということになる。しかし、古代文明が、「枢軸の時代」であって、複数の起源を持つものだとしたら哲学とは何なのか、改めて問う意味が現れてくるように思われる。

さらにまた、世界システムということが、世界全土を巻き込むまでとはいかなくとも、古代のローマにおいて成立し、中世にはユーラシア全体を巻き込むほどになり、大航海時代以降は十全な意味で世界システムの時代が成立した。その流れは、十九世紀の帝国主義時代において頂点に達する。二十世紀は、十九世紀の帝国主義を推し進め、その総決算を行った世紀と考えることができる。

二十一世紀は、環境破壊、FUKUSHIMA、新型コロナ、地球温暖化などに見られるように、人類の衰退期の入口となった。その意味でも、二十一世紀の哲学は重苦しい時代の哲学である。ドゥルーズは、二十一世紀を見ることなく、自死を遂げた。我々はそれを羨ましく眺めることは許されない。

二十世紀哲学は、後半の時代において、現象学、実存主義、構造主義、分析哲学、ポストモダンなどが潮流を形成した。マルクス主義が終わった後、哲学は突き進むべき道を見失ったように見えた。少なくとも、哲学の勉強に中途半端だった若者の私にはそう見えた。

ドゥルーズをどのように語ればよいのか。ドゥルーズについては膨大な研究書・解説書が著され、ドゥルーズ業界にはぺんぺん草など一本も生えていないように見える。

にもかかわらず、私が何かを書けるとしたら、彼のテキストの忠実な解説書ではなく、ドゥルーズ、アヴィセンナ（九八〇～一〇三七）、スピノザ、カント、ニーチェを貫く存在の一義性の系譜をたどり、それが何であるのかを伝えることぐらいである。

ドゥルーズは、哲学史からさまざまな概念を借りてきて、独自に解釈を施し、自分の思想に取り入れる。ときに、その業界の専門家からすると、認めがたい理解を示すこともある。そういう作法を若い研究者が模倣することは危険極まりない。ドゥルーズも若いころは、丁寧にテキストに踏み込み、地味な解釈を徹底していた。『差異と反復』あたりから独自の解釈を始めるのだ。『ザッヘル＝マゾッホ紹介』（一九六七年）を経て、『差異と反復』（一九六八年）と『意味の論理学』（一九六九年）から、自分独自の哲学を思う存分自由に語り始める。

一義性の話をちょっとだけ見ておく。スピノザは存在の一義性を否定している。近世哲学の主だった人々は皆存在の一義性を否定しているのである。ところが、ドゥルーズの『差異と反復』は、一義性を基本軸に据えている以上、ドゥルーズを語る場合には、哲学史における一義性を踏まえたうえで、ドゥルーズの独自性の程度を測定する必要がある。

スピノザは、ドゥルーズによれば存在の一義性の主張者になるが、テキストに書かれてあることから判断すれば、一義性の味方ではない。だが、ドゥルーズは、ドゥンス・スコトゥス、スピノザ、ニーチェの三者に一義性の系譜を担わせる。存在の一義性の意味を狭く捉えれば、スピノザは存在の一義性に反対したし、ニーチェは無縁である。だが、存在の一義性を、ギリシア哲学の基本軸に対して、イスラームにおいて展開した別個の流れ（新プラトン主義）が食い込むことで生じた、思想潮流の変化と捉えれば、ドゥンス・スコトゥス、唯名論、スピノザ、ニーチェは、一義性の仲間なのである。

そして、一義性が実体と偶有性の間に設定された認識可能性の条件と捉えれば、カントの物自体（Ding an sich）は伝統的な実体概念（ens per se）の十八世紀版であり、物自体の認識不可能性を、一義性の系譜に組み込めば、明らかにカントは「反一義性論者」ということになる。カントが使用する概念は、ほとんどがスコラ哲学に由来しながらも、徹底的にカント的にカスタマイズされており、全体の姿は大きく偏位している。この全体的な偏位は、スピノザにおいても鮮やかに見られた。スピノザにおいては、用語の定義までそのまま受容しているように見えて、哲学的居抜きがなされていると言ってよい。

概念装置を居抜きすることにおいて、ドゥルーズもまた名人である。さらに、常識に反するような膨大なネオロジスム（新語造成）がある。

哲学史の流れを踏まえてドゥルーズを語ろうとしているのだが、私自身の頭の中で、ドゥンス・スコトゥスとライプニッツとドゥルーズがどう配置されているのか、少し語っておく。私はライプニッツ哲学を研究することを目指してしまった。ライプニッツは「理由のないものはない（Nihil est sine ratione.）」を哲学原理にしたが、私自身については、ライプニッツを学び始めたことにそれほど大きな理由があったわけではない。ライプニッツに展望があったからではなく、論理学者ルイ・クーチュラ（一八六八～一九一四）が編集した『ライプニッツ未完断片著作集』を手に入れ、その本の冒頭にあった「必然的真理と偶然的真理の起源」という、彼の形而上学の骨格を端的に表現するラテン語断片を自力で読んでみたいと思い、それが機縁となっていつのまにか近世スコラ哲学に入り込み、そのうちに中世スコラ哲学に踏み込んでしまった。暗中模索の中でドゥルーズというフランスの現代哲学者がドゥンス・スコトゥスに注目し、存在の一義性を喧伝していると知って、よく分からないアナロギア説に悩む若者は面白そうな世界がありそうだと思い込んでしまった。ともかくもスコラ哲学を知れば、近世哲学も分かりやすくなるのではないかという安直な打算的見通しで学び始めた。

私が二十代の頃、現象学が隆盛を誇り、分析哲学が同じような勢威で君臨し、カントとヘーゲル（一七七〇～一八三一）とハイデガー（一八八九～一九七六）といったドイツ哲学が床の間に座し、ギリシア哲学やフランス哲学がその後に付き従うような構図だった。中世哲学もスコラ哲学も好事家の暇つぶし程度にしか見られなかった。

哲学とは哲学の力によって後ろから突き動かされるがゆえになされる非人称的な営みである。哲学が滅びようが永続しようが、「今・ここに」存在せざるを得ないものとして現れているのが哲学なのである。滅びてしまった方が、安楽の境地に至ることができる営みなのだ。ドゥルーズが、〈此性〉、〈出来事〉、「内在平面」、特異性言説空間の中に次から次へと輝くものとして語り出すことは、私には、哲学的概念の小爆発の連鎖に見える。アリストテレス、ストア派、ルクレティウス、アヴィセンナ、ドゥンス・スコトゥス、スピノザ、ライプニッツ、ヒューム（一七一一〜一七七六）、カント、シモンドン（一九二四〜一九八九）といった小爆発の連鎖を、私の関心から辿っていこう。私にできることはそれだけである。

私の使命は、哲学史の立場から、ドゥルーズの哲学史読解を批判的に考察することである。しかし、批判的といっても、ドゥルーズの哲学史読解を追認することになってしまうかもしれない。

彼の哲学史理解が、彼の師匠であったモーリス・ド・ガンディヤック（一九〇六〜二〇〇六）からの影響下にあって、特異だったのかもしれない。大きな影響という程のものを見出すことはできないが、中世後期の哲学史の理解をドゥルーズはガンディヤックから学んでいるのは確かだ。ガンディヤックは私から見ると、とても面白い哲学史家だ。フランスの中世哲学史家はトマス主義者が多く、オントロジスト（存在論重視者）が多く、認識論的関心を強固に持ったその後のスコラ哲学者たちの流れを忌み嫌う。唯名論が強烈に認識論的課題を背負っていたことを隠したがる。もちろんそれは「正しい」ことだ。神の作った世界そのものを理解しようとする場合に、人間の技でしかない認識論や真理論や論理学は神の働きを人間の方に取り込もうとしてしまうから。

ドゥルーズが、スピノザやライプニッツを誤読しているという評価もあるだろう。しかしながら、私の視点から見ると、ドゥルーズが哲学を誤読することはできないのである。ドゥルーズにとって、正則的な哲学史などないだろうし、私もまた、哲学史を実証主義的に一つの標準的理解に近づけることが、哲学史の発展などとは考えない。というのも、埋もれ続け、埋もれたままになることを自分に課しているようなスコラ哲学写本群の存在、バロックスコラ哲学のテキストのごとく腐海の底の泥にとどまるものを見るにつけ、大地から現れ出てくるような仏達（地湧の菩薩）に出会っていると思うからだ。哲学史は埋もれ続ける者達、埋もれた世界に自ら潜り込み埋もれようとする者達の世界だと思う。

哲学史が「こんなことも君は知らないのか！」と権威をふるう者の牙城になること、哲学史が抑圧装置になることをドゥルーズは忌み嫌った。哲学史を誤読することこそ「正しい」哲学史理解なのだ。

ところが、ドゥルーズの哲学史理解が独自であったために、その跡を追いかける者にも、やはり序列ができて、ドゥルーズ業界ヒエラルキーができて、抑圧装置になってしまっている。ドゥルーズを「正しく」理解しようとしてヒエラルキーを形成すること、難攻不落の「ドゥルーズ哲学城」を建築することはドゥルーズの嫌ったことだろう。もちろん、本人の意図を裏切ること、それは偉大なる哲学思想の運命だ。裏切られてこそ大思想家だ。ドゥルーズに責任があることではない。

哲学史理解が、権威者による資格認定と水準判定の装置となることをドゥルーズは嫌った。それは抗うべくもない事実だ。そこに、彼の哲学史理解の正当性がある。ドゥルーズが、哲学のテキストを読み間違うことはあり得ないのである。ドゥルーズは、自分の哲学理解に、通常の哲学史理解が還元され、標準的哲学史になってしまうことを望んでいたわけではない。私もまた、標準的哲学史理解を求めていたわけではない。ドゥンス・スコトゥスの哲学を理解したいと思った。したがって、トマス・アクィナスの哲学にスコラ哲学の絶頂があるという理解は、別の哲学史理解に属することである。言い換えれば、一つの哲学史理解、正しい哲学史理解を求めることは、抑圧装置の支配者になることを望むことだ。この書は、そういった視点とは無縁である。

2　ドゥルーズへの態度

ドゥルーズの思想は、古代哲学と中世哲学と近代哲学と現代哲学、精神分析、文学、生物学、経済学、戦争論、マルクス主義、そういったもののブリコラージュ（寄せ集め細工）であり、一つの線に沿って流れていくのではなく、リゾーム（根茎）として、至るところで結節点があって、それぞれが分散的に拡散していく。修験道の山道が盤根錯節として踏破に難渋するように、ドゥルーズのディスクールは、自由自在に飛躍し、回収されないまま終わることも多い。読んでも読んでも分からないままであり、分かったような気持ちになって、そのあとすぐに分からなくなってしまう。神隠しにあったような、山深いところでの心細さを感じながら読み進めるしかない。まったくの誤解のなかで読んでいるのではないか、そんな不安だけが募る。中世スコラ哲学の密林のようなテキストに入り込んでも、それほどまでの迷子感はない。

なぜなのか。ほとんど同じ事態が、微妙な意味の違いと視点の変化を伴って用いられ、語られる場面や配置の違いによって、同じでありながら異なるものとして扱われることがしばしばある。もちろん、イスラーム哲学のディスクールでは、哲学、神学、天文学、生物学、政治学などがアナロジー的構造における類比性を設定され、異なる平面に配置され、異なる平面の間で容易に飛躍がなされ、ミルフィーユ状の多層的言説空間の中で立体的な概念移動がなされる場合もある。アリストテレスの線的な論理に比すれば、平面的どころか立体的な言説空間での高速飛翔は目が眩む。しかもそれがリゾーム的に展開されるとすれば、読者は迷子のまま放り出されたままだ。しかし、ドゥルーズ素子（Deleuziculum）が比較的少数で、それぞれの素子のベクトルが限定的であれば、ドゥルーズ平面はごちゃまぜの山賊鍋状態ではないように思える。

ドゥルーズ素子の選び方は人によって異なるだろう。ノマド、リゾーム、強度、一義性、〈此性〉、潜在性、〈器官なき身体〉、スキゾ、内在性、内在平面、共立平面、超越論的経験論、特異性、アナーキー、ファンタスム、シミュラクル、出来事、アレンジメント、逃走線などが目立つ。それらをどう組み合わせて、ドゥルーズを語るのかそれはひとそれぞれだ。ドゥルーズについての正統的で標準的な解釈などありはしないのだ。そもそも哲学者の精神の内奥にある思想を正確に理解し、再現することを目指すような、または語られざる哲学を困難で年月のかかる作業を通じて明らかにし、それを世に公表するような哲学のあり方にドゥルーズが好意を持っていたとは思えない。その意味では、ドゥルーズは誤読されることができない哲学者なのだ。誤読することができない思想家であれば、ここで私なりにドゥルーズを読み取ることも、ドゥルーズを〈此性〉としてここに立ち現れてもらうこともありうるかもしれない。私が書けるのは、〈此性〉として現れてきたドゥルーズの姿なのだ。

ドゥルーズはなぜ哲学をしていたのだろう。哲学者というのは職業なのだろうか。「仙人」が職業ではないように、哲学者もまた職業たり得ないと私は思う。世に言われる「哲学者」とは、哲学教師だ。私もまたなぜ哲学を職業としてしまったのか、自分でもよく分からないまま、アリジゴクに吸い込まれる蟻のように哲学に入ってしまった。

十七世紀まで哲学者は多数存在した。しかし、大学の中で哲学科が確立して以降、哲学教師の再生産システムとして哲学が近代化されると、哲学者というものは減少していったと思われる。

しかし、哲学がハビトゥス（習慣）として自然本性に入り込み、自然的衝迫にまで転じてしまえば、哲学は職業ではなくなる。ドゥルーズは、哲学をハビトゥスとして営んでいたのだと思う。誰に振り返られなくても、呼吸することや心臓の鼓動と同じように哲学をしていれば、哲学はほとんど非人称的なものとして現れてくる。だからこそ深いところから現れてくる。しかし、「哲学者」を本性の中に哲学を取り込んでしまった人だけと限定するわけにはいかない。以下のところでは、哲学関係者のことを「哲学者」と呼んでいく。

ドゥルーズが自分の著作を振り返った本は何冊かある。『記号と事件』『ディアローグ』などだ。しかし、ドゥルーズの思考の深度を表現してはいない。『差異と反復』の深度は並大抵のものではない。息を止めて深い底にまで潜り、読者は息が続かずもう我慢できないところまで来ても、さらに潜り続けようとする。あの耐えられない深度の継続こそ、壮年期のドゥルーズの姿だと思う。

『意味の論理学』になると、深度の継続よりも、青白い鬼火の空中疾走の感じになる。追いかけようとしても追いつかない。先回りをして、どこに向かおうとしているのか見当をつけない限り、すぐにその光跡を見失うことになる。

ドゥルーズは、「哲学者誑《たら》し」だ。ドゥルーズが分からないと現代哲学に通じていないように見なされるからと、隠れてドゥルーズを読んでいる研究者は多いだろう。私もそうだった。良くも悪くも、ドゥルーズは「哲学者誑し」である。ものすごい深度で哲学を語りながら、浅いところで水遊びをしているように見えるけれど、彼は見かけと違って、いつも真面目だ。真面目すぎて遊びをしていないほどだ。

ドゥルーズの哲学は否定的破壊的なものと解される場合が多い。従来の哲学を破壊するように見えるから。そして、「ダーク・ドゥルーズ」、つまり黒いドゥルーズという見方をしようとする者もいる。しかし私にはそういう見方は厭わしい。破壊と崩壊をもたらす哲学者としてのドゥルーズ、つまり「ダーク・ドゥルーズ」というキャラクターに組み替えようとしている。無に向かって前進し、崩壊・破壊・破滅をもたらす巨神兵としてドゥルーズを描こうとするのが、アンドリュー・カルプ『ダーク・ドゥルーズ』（原書二〇一六年、大山載吉訳、河出書房新社、二〇一六年）だ。

「器官なき身体」に見られるバラバラの身体性、ノマド、戦争機械、脱領土化などなど、ドゥルーズのなかにアナーキズム的な要素は豊かにある。「明るいハッピー・ドゥルーズ」ということは成り立ちそうにもないが、かといって破壊的な側面だけ強調するのは、コマーシャリズムとしてはともかく、哲学としてはつまらない。言説において破壊したとしても、後に残るのは空虚さだけだ。

ドゥルーズは「戦争機械」という激しい、扇情的な言い方をする。だから、カタストロフィーを求める哲学者だと思ってしまう。彼は破壊的語り方をしてしまうが、破壊的な思想ではない。やはりむしろ受動的総合を中心とする哲学者で、構築主義的な哲学ではないとしても、破壊的な哲学ではない、と私は思う。

確かに、左翼の人間やマルクス主義者は現実社会を改革・改善するために、穏健な改革は結局現状の権益を確保することが残り続けるので、まずは最初に現実を徹底的に破壊し格差を解消しその後に建設していくという順番をたどる。建設の手前でプロセスを止めれば、破壊だけの行程が示され、「ダーク・ドゥルーズ」の姿が見えてくる。

二十世紀において試みられたいくつかの共産主義革命においても、革命の後に計画された「建設」は全体主義的な専制のもとに進められた。それこそ打破しようとしていた敵のシステムではなかったのか。それを再び使用するしかない。暴力を否定するために暴力を使用するしかないという悲劇がここにもある。だからその建設のプロセスを現実の背負うべき汚辱として否定し、破壊にのみとどまれば、「戦争機械」という表象が突出してくる。しかし破壊の契機は全体的に見れば一部分にすぎない。

ドゥルーズがアリストテレスとトマス・アクィナスが嫌いなことはよく分かる。権威とか典拠となるものが嫌いなのだ。プラトンでさえ、『ソピステス』中に、プラトニスムをプラトン自身が否定しているという筋道を読み取るのは、拍手喝采である。

ストア派の記号論を『意味の論理学』で発掘し、甦らせることができたのは、名人芸というほかない業績だと思うし、それをルイス・キャロルの「表面の存在論」に適用しているのは、ドゥルーズの着想の中でピカ一だと思う。イデア論を読み替えて、ストア派の準‐原因論、カントの理性概念(理念)、シモンドンの特異性、ジョー・ブスケの「傷の受肉論」、ユーモアとアイロニーの意味論、オイディプス論、表面深層論としてのリビドー論など、一貫した物語で自分の思想を語れるのは、「ブラボー」を連呼するしかない名人芸だと思う。

『差異と反復』でなされたアカデミズムへの忖度に満ちた文体から見ると、『意味の論理学』は、アカデミズム破壊のための爆薬のような爽快さに満ちている。私は『意味の論理学』が大好きだ。ドゥルーズの著作の中で一番好きなものを挙げろと言われたら、『意味の論理学』を挙げる。高速の火の玉のような彼の思考が自由に哲学空間を浮遊している。

ドゥルーズの思想は、過激な哲学史の読み替えのプロジェクトを含んでいる。なによりも、精神分析によって生じた哲学史のひび割れ、乖離、奈落をどのように取り込むのか、いや乗り越えるのかという格闘があった。精神分析を非科学的なもの、迷信的なものとして、哲学の考察から外す方が主流となった。それはそれでよいだろう。進化論にしても相対性理論にしても、世界大戦や環境激変や人口爆発やパンデミックも哲学には関係ないと、リアルな世界から自らを遮断してアカデミズムとしてのあり方を守るのも一つの道である。しかし、フランスを中心に精神分析を哲学的に考察する人々が多数現れたことは、今後分析哲学が中心になっていくとしても、無視できることではない。

ドゥルーズは、多面的に現代の科学の動向にも関心を向ける。もちろん、ポストモダンや現代フランス哲学において、用語の本当の意味を把握しないまま、科学的な体裁を付与するために科学の用語を生半可に使う傾向、しかも理解困難な書き方になっていることに対して批判が向けられたことがある。ドゥルーズもそこで批判される代表的な人物であろう。そこには、難しくて理解できないという根本的な不満がある。しかし、簡単に言えることを難しく語っているのではない。人間の自然言語という、偏って、記述力があると見せかけながら、粗すぎる網として、事象をほんの少ししか掬《すく》えない道具への批判、そしてそれを使わざるを得ない絶望があるのだ。

文体にしてもそうだ。普通の語り方で何をどこまで語れるというのだ。人々の心を動かすことができればそれでよいなどと誰が考えるのか。だからこそ、語り方や文体においても、絶望的なもがきが試されることになる。絶望しながら、絶望的な文体でしか語れないのに、語らずにはいられない人が哲学をすることがあってもよいだろう。

ドゥルーズは、様々なスタイル（文体）を試みる。たとえば、『意味の論理学』で採用したセリー、『千のプラトー』で採用したプラトーだ。

プラトーとは、「高地、台地」のことで、強度において連続する地帯だ。リゾームの線に沿って次々に、あるいは距離を取って実現される。リゾームの線は、芸術、科学、政治学の諸要素に関わる。

セリーは、「系列」ということだが、毎回主人公が替わっていく連続ドラマとして考えてもよいだろう。それぞれのセリーには人物の姿形が対応する、歴史的というよりもトポス的である。表面における姿形から別の表面における姿形に滑り移っていく。『意味の論理学』では最初ルイス・キャロルが主人公として登場していくが、ストア派、フッサール、マラルメ、ブスケ、ニーチェ、ライプニッツなどが主要人物になったりする。大事なのは、意味というパラドックスを多くの人々がどのように語ったかということだ。パラドックスの整理を提示しているのである。

ルイス・キャロルからストア派やフィッツジェラルド（一八九六～一九四〇）にサーフィンす

るように渡っていくところは快い。表面には意味の理論のすべてがあるとドゥルーズは述べる。表面ということと意味のパラドックスとマイノングの超存在の関係が分かればよい。『意味の論理学』に裂け目（fêlure）という用語が登場する。裂け目とは、ひび、割れ目、亀裂なのだ。ドゥルーズは明言していないが、甲骨文字のようなイメージでよいだろう。陶器の表面にあるひびのことでもよい。表面の形而上学を語る場合に決定的なイメージだ。

最も深いもの、それは皮膚だというのは、表面の持つ根源的な深さのためだ。この指摘はきわめて重要だ。ひび割れは内でも外でもない。ひび割れは物質的なものに帰属しない。非物体的な形而上学的なひび割れ、表面の無意味、ひび割れとは将来を告げるための線であり、予言する線なのである。表面が最も深いという倒錯は、存在論と性愛を結びつける通路なのだ。

意味とは実在しない存在者性、存在していない存在者と言ってもよい。意味とは、途方もないパラドックスを備えたものなのだ。「最も深いもの、それは皮膚である」というのは、言葉遊びでも何でもなく、真実の命題なのである。

表面とルイス・キャロルとを結びつける理路は、ストア派とマイノングの関係が分かれば見えてくる。ストア派はアリストテレスとは異なる存在論的枠組みに立っていた。アリストテレスは、存在論の系統樹を考える場合に、実体を物体的なものと非物体的なものに分け、非物体的なものにはそれほど顧慮を向けることなく、物体的なものと非物体的なものを両方とも存在者と考え、存在者こそ最も普遍的なカテゴリーと考えた。カテゴリーとは分割されたものだから、超カテゴリーといった方が良いだろう。

ストア派は、事物を物体的なものと非物体的なものに分け、存在と非存在を物体的なものにのみ適用する。非物体的なものには、存在と非存在は適用されない。

非物体的なものとは〈語りうるもの〉（レクトン）である。〈語りうるもの〉は、空虚や時間や空間と同じように存在しないものである。存在と互換的なものは超越概念として呼ばれる〈存在、一、善、真、〈或るもの〉、〈もの〉の六つ〉。非物体的なものは存在者ではない。外にも内にもなく、主語述語形式の命題の中に取り入れると、肯定否定、いずれの述語も排除するようなものとして記述されることになる。アヴィセンナが「馬性は一でも多でもなく、馬性以外の何物でもない」と述べたことは、この事物の圏域を踏まえている。ストア派が開いた〈語りうるもの〉の領域は、新プラトン主義を経由して、中世スコラ哲学に流れ込み、大きな潮流をなし、近世に入って表面から消え、二十世紀に巨大な伏流水としてドゥルーズにおいて現れる。しかし、マイノング主義やイスラーム哲学などにおいても、この論点は繰り返し述べられてきたことだ。

ストア派において、存立（ヒュピスタナイ）として語られた。この「存立」という概念は本当は存在と同じぐらい重要なものだが、抽象的すぎて理解しにくい。「目の前にダイヤモンドがないということが存立している」という場合、存在よりも途方もなく広い概念として「存立」が成り立つことだけは分かる。

似たような言葉に、成立（ヒュパルケイン）というのがあってこれは既にアリストテレスにおいて術語的に使用されていた。存立と成立は同義的に使用されることが多いと確認されている。存立は、事物について適用されるのではなく、「ソクラテスは音楽家である」という事態や命題に適用された。命題や事態に存在を適用することは奇妙なカテゴリーミステイクを引き起こす。「ソクラテスはここに存在していない」というのはよいが、「ソクラテスはここに存在していない」という命題が存在していないということはおかしい。意味が成立する領域に適合するのは、存立や成立や妥当ということであって、存在ではない。西洋哲学は、存在動詞が両者の領域に股がることを隠し続けてきた。

意味の領域が、〈語りうるもの〉にあるとしたら、それは存在しているかどうかではなく、存立しているかどうかにあったのである。存立ということは、存在と非存在との両方、いやそれどころか可能と不可能の両方をも包含できる広さがある。哲学はそれに手を出してはいけないのではないか。

物体には内部と外部はあるが、非物体には内部も外部もない、表面の出来事である。これが『意味の論理学』の発端である。この意味の領域を開いてしまえば、一者が存在しているとも存在していないとも言うことに大きな支障はない。十四世紀の唯名論者ニコラウス・ドートルクールが述べた「神が存在する」と「神が存在しない」は同義である、ということは理解しにくいことではない。

物体的なものにおいては、原因と結果がある。しかし、非物体的なものにおいては、原因と結果の関係はない。

非物体的なものにおける存立ということは、存在と非存在を超えたものであるから、アレクシウス・マイノング（一八五三〜一九二〇）はそれを「超存在（Aussersein）」と述べた。これは先程取り上げた「存立」や「成立」ということを継承してしまった概念だ。哲学的びっくり箱と言うべきものだ。近世初頭の十七世紀には、存在と超存在を両方包括する分類が考えられ超絶超越概念（supertranscendentalia）として、ドイツにおいて論じられた。この系譜にあるのが、グノストロギアの流れであり、それを継承したのがカントだった。理念（理性概念）とは超絶超越概念の系譜を引き継いでいる。考えない方が楽に通り抜けられる道でもそういう困ったものを考えてしまうのが哲学であり、それを避けられないのが哲学者だ。

ドゥルーズは、反実現という、これまた理解するのに苦労する概念を提出する。

「反－実現は何ものでもない。反－実現だけを操作して、到来することがありえたかもしれないことに値すると称するとき、それは道化役者の反－実現である」（LS:188 邦訳 LS1:280）と語る。ドゥルーズのテキストの分析だけで済ませようとすると、とんでもないことになるが、「花が咲く」場合に「花が咲かないことが非成立になる」というようなこと、つまり先ほど述べた存立や成立に見られる抽象的な次元を考えているようだ。反実現は何ものでもない（rien）であるとしてもそれは存在と非存在を越えるものとして、超存在であり、〈或るもの〉である。形而上学的表面を滑りゆくものなのである。

ドゥルーズは、『意味の論理学』において、目に見える物質的な次元とは別なところで、同時並行的に無情に進行している抽象的な次元を考えていて、それをパントマイムや道化師や演劇として考えている。演劇のシナリオを書く人間が舞台上での出来事に心をかき乱されては、作者になれない。作者は自分が造る戯曲や舞台に無感動でなければならない。そういうモデルでドゥルーズは考えている。

だから「一回で二つの方向［＝意味］へ行くこと、射ることが、生成することの本質である。（中略）パラドックスとは、一回で二つの方向を肯定することである」（LS:9 邦訳 LS1:16）、「出来事が、常に一回で二つの方向に行って、主体を二つの方角に引き裂く」（LS:12 邦訳 LS1:19）と書いたりする。世界の出来事は、二層から構成されていて、一方には感情が宿り、もう一方は無情に滑り動いていく。

これは決定的なイメージだ。現在の瞬間は双面神ヤヌスのごとき存在者であり、過去と未来に向かって二つの顔を持ち、そして自分自身を引き裂く存在なのだ。だからそれはひび割れで割れ目であり裂け目でもあるのだ。陶器の貫入のように表面のひび割れのことだ。表面の出来事のように見える。真の差異は内でも外でもない。ひび割れは内でも外でもない。『意味の論理学』のドゥルーズは、他の著作の場合よりも、ずっと鮮烈なイメージで考えているようだが、それらのほんの少ししかこちらに理解可能な仕方で伝わってはこない。

ストア派によるプラトン主義の初めての大転倒が起こっているのだ。ここで、〈存在〉は最高の類ではなく、〈或るもの〉という別の事物が最高類に位置するようになる。この論点は、近世哲学史研究の中で最近しばしば論じられるようになったテーマだが、既にドゥルーズがいち早く目をつけていたのだ。

パントマイムの比喩や反実現という言葉は、表面ということが内でも外でもなく、二面性を有するパラドックスであるということから生じる特性を表示している。

反実現（対抗実現）という少しわかりにくい概念も、実現が物質的なものにおいて成立することで、非物体的なものにおいて成立するのが反実現と考えればよい。

反実現は何ものでもない（rien）としてもそれは存在と非存在を越えるものとして、超存在であり、〈或るもの〉である。形而上学的表面を滑りゆくものなのである。訳語として、「反実現」というと反物質のようなイメージを喚起しやすいようにも思うので、「対抗実現」の方が望ましいと思うが、こだわるところではない。

意味とは〈或るもの〉（aliquid）であり、超存在、かつ存立であり、存立に相応《ふさわ》しい最小の存在（minimum d'être）であり、形而上学の末端の小さな端子と捉えればよいとも見えるかもしれないが、それにドゥルーズがこだわるのは、このひび割れこそ人類の偉大なものの生まれ出る場所だと思っているからだ。

ひび割れは、身体がひび割れの危険に晒されるのでなければ、それは言葉や記号でしかない。それは将来を告げるための線であり、予言する線でもあるからだ。ひび割れを通ってひび割れの境界において思考するものがいて、人類において偉大なるものはすべて、こういったひび割れを通って出入りするものなのである。

ルイス・キャロルの小説の中の少女アリスはストア派の賢者たちを再発見するのだ。ひび割れという小さな概念が哲学史を一気に走り抜ける。彼らは表面の形而上学、意味のパラドックスを享受しあうのである。プラトン主義の大転倒を引き起こし、イスラーム思想への道と東洋思想への道とマイノングの超存在への道がリゾーム状に生じるのである。『意味の論理学』は哲学的なディズニーランドのようだ。表面だけを滑走するジェットコースターを楽しむべきだ。

3 〈ミニマル・ドゥルーズ〉

無難で標準的なドゥルーズの紹介ということはあり得ないのではないか。ドゥルーズの著作や研究書をいろいろ読んでくるとそういう結論に到達した。そこで考えてみたのが〈ミニマル・ドゥルーズ〉ということだ。これを押さえれば、ドゥルーズを理解したと言える最低限度を設定しようというのである。ドゥルーズ自身いろいろと思想を変化させているから、もれなく理解しようとするととんでもないことになる。ドゥルーズ哲学の全体を理解しようという思いは傲慢であろうし、きっとドゥルーズ自身も嫌うことのように思う。どんな哲学者でも自分の思想の全体が把握されて喜ぶとは思えない。

〈ミニマル・ドゥルーズ〉というのは、したがってドゥルーズに近づくための疑似餌（ルアー）みたいなものだと思う。〈ミニマル・ドゥルーズ〉ということを考える場合、やはり『差異と反復』と『意味の論理学』を欠かすわけにはいかない、それでも中心はいろいろある。「多様性」「潜在性」「内在性」「一義性」あたりが候補になる。

「リゾーム」「器官なき身体」「プラトー」は言葉として派手だが、基本概念に入れるのは憚られる。「個体化」や〈此性〉も大事なのだが、〈ミニマル・ドゥルーズ〉に組み込むにはちょっと弱いのだ。プラトンやカントやヒュームの影響などいろいろな要素が入り込んでいるが、それらの概念も〈ミニマル・ドゥルーズ〉の構成要素としては周辺部に来る。〈ミニマル・ドゥルーズ〉に加えるべきものは、「多様性」「潜在性」「内在性」「一義性」以外に、「受動的総合」がよいと思う。ベルクソン（一八五九～一九四一）からの影響を示す「持続」や「反実現」や、シモンドンからの影響下に構成された個体化の理論も、ハビトゥスという論点も組み込めるのがこの「受動的総合」という概念である。

〈ミニマル・ドゥルーズ〉という装置は、確定的な姿を持っているのではなく、読者一人一人が独自に構成すべきもの、そういう意味ではオブジェクトだと言ってよい。オブジェクトとは、事物として客観的に存在していないとしても、内容と手続きとして機能していて、意識にとっても潜在意識にとっても、操作可能なものとしてある。存在していないとしてもリアルなものはたくさんある。アニメのキャラクターでも、小説の主人公でも、商品としての経済効果だけでなく、人生の生き方にも影響を及ぼし、きわめてリアルである。実際に目の前で会って真意を確かめることもできない哲学者、難解で理解もままならぬ哲学者が人生を牽引することは奇妙なことではない。だから会うことも理解することもできない哲学者、たとえばドゥンス・スコトゥスに人生を捧げることは倫理学的に見ても不思議なことではない。

〈ミニマル・ドゥルーズ〉がオブジェクトであるということは、中世哲学だったら〈理虚的存在〉（ens rationis）とか、カントだったら理性概念＝理念といったことと重なる。リアルであるとは操作可能性のことなのだ。〈理虚的存在〉については後に詳しく論じるが、暫定的に精神による虚構的な構成体としておく。

そういった〈ミニマル・ドゥルーズ〉が各人の意識に構成されれば、〈ミニマル・ドゥルーズ〉にとって周辺的な概念は読み飛ばしてもよいし、何が〈ミニマル・ドゥルーズ〉を構成しているのか、自分なりにその姿を構築していくべきなのだ。解説書を忠実に読んで、本物にできるだけ近いドゥルーズにどうすれば近づけるのか、というように考えるのは、ドゥルーズ崩れなのだ。ドゥルーズが壊れてしまう。

(1) 第一階梯：受動的総合と時間

ドゥルーズの思想は『差異と反復』において完結して変化しなかったというわけではないが、基本的構図は『差異と反復』において登場し、表象＝再現前化、時間の三つの総合、一義性、シミュラクル、ファンタスムなどなのだが、これでも概念の布置が複雑であるというのであれば、受動的総合という概念が扇の要、輻輳《ふくそう》点をなすように思う。

ドゥルーズの三項図式というものは、「時間化されるもの、時間化するもの、時間化されたもの」といったような形でも構成できると思う。彼の哲学において、基本概念は存在や実体というスタティックなものではない。時間性を含むこのような三項図式は、ギリシア哲学ではあまり表面化しないが、新プラトン主義において成長し、イスラーム世界においては顕著で、東洋哲学と言われるものの中では多様に発展していった枠組みだと思う。ドゥルーズ哲学が、東洋的な響きを持つことは忘れてならないことだと思う。分析哲学において顕著なように、哲学はあまりにも西方化を歩んできた。二十世紀にはその反動が様々に見られたが、ドゥルーズと井筒俊彦が類似する点を様々に有するとしても驚くべきことではない。

〈ミニマル・ドゥルーズ〉を理解する場合、過去・現在・未来という三つの時間の総合が重要であり、特に現在という時間における受動的総合ということが最も重要である。現在という時間において過去と未来が生まれてくるのだ。受動的総合が受動的であるのは、そこにおいて生じる作用が観照という非活動的なものだからだ。しかし、この受動的総合において、全人生の地平が構成される。

観照することは非活動的なものに見える。しかし観照とは亀裂の入っていて断絶した前と後を媒介する受動的総合のなされる縮約の場なのである。受動的総合は生きるという私たちの習慣を、それが続いていくという期待を構成し、それの持続を保証するものだ。

カントがたどった能動的総合の道はオイディプスの悲劇を再現することになる。ヘルダーリンの道こそ、受動的総合の道なのである。

《私》の亀裂を構成するものは、まさに、中間休止であり、またその中間休止によって〈これを最後に〉順序づけられる〈前〉と〈後〉である（中間休止は、まさしく亀裂が誕生する点なのである）。（DR:120 邦訳 DR1:246）

ドゥルーズの時間論は、一義性論、シミュラクル論などと重なり、ドゥルーズの基本構造を示している。ドゥルーズの枠組みは、三項構造をなしている。「ドゥルーズ的三項図式」と呼んでよいだろう。「限定されうるもの、限定するもの、限定されたもの determinabile, determinans, determinatum」という三項図式が基本にあると考えるとよいと思う。ここでは、それぞれ「被限定項、限定作用、既限定態」と訳そう。そしてそれらが、過去、現在、未来と対応している。ここに、ドゥルーズマジックの核心がある。

この三項図式の応用形式は様々に考えられる。「時間化されうるもの、時間化すること、時間化されてしまったもの」、「ドゥルーズ化の基体、ドゥルーズ化作用、ドゥルーズ化されて成立した思想」などである。

もちろんのこと、この図式はスコラ哲学でそのまま見出されることはないとしても、その基本形式は見出される。そしてこういった図式はドゥンス・スコトゥスの語る存在一義性の核心にも響いている。この三項図式こそ、ドゥルーズ哲学のアルファにしてオメガであると言ってもよいと思う。

（2）第二階梯：一義性と同一性

ドゥルーズの思想は、中心が絶えず移動しながら描かれる円の運動軌跡のように、重なっていながらも、同じではなくて、しかしそれでも同じところが多くあるというような、絶えず少しずつずれていくような運動のようだ。だから時として別の概念を扱っているようで、元に戻ってきたりする。

〈ミニマル・ドゥルーズ〉第二階梯として考えたいのは、同一性と一義性という、似ているようで、ドゥルーズが対立的に考える二つの概念だ。第一階梯として考えた三項図式が基本的な枠組みをなすとすれば、第二階梯は駆動原理を示している。ドゥルーズは、同一性に対して敵対し、そして一義性に対して親近性を表明する。

現代思想は、表象＝再現前化の破産から生まれもすれば、同一性の破滅から生まれもするのであり、要するに、同一的なものの表象＝再現前化の下で作用しているすべての威力の発見から生まれるのだ。（DR:1 邦訳 DR1:12）

同一性の優位によって表象＝再現前化の世界が定義される。現代思想が表象＝再現前化の破産から生まれ、同一性の破滅から生まれたとすれば、その起源が問われる必要がある。プラトンのイデア論がその起源なのだ。

伝統的哲学の図式では、アリストテレス的な実体属性の枠組み、質料形相論の構図が支配的で、そこに表象＝再現前化ということが絡んでくる。つまり、原型的なイデアがあって、他のものはそれを模倣し、同一性を保存するということだ。

一なるものの絶対的権限にむかって、他のものはその同一性と存在を模倣し、分有する限りで存在者であるという構図がそこに見られる。

同一性を批判する際に同時に批判されるのが、否定という装置だ。否定は矛盾対立という二項対立図式を持ち込む。二つしか可能な選択肢はなくて、その一方だけが選ばれるという暴力的装置だ。これは、倫理学的な選択の場面においても致命的な誤りを引き起こしやすい。矛盾対立は、日常言語が肯定と否定という対立を基本とするために世界の構造でもあると考えてしまいがちだ。ドゥルーズが副次的矛盾 vice-diction を持ち出すのも、矛盾 contra-diction に含まれる暴力的否定、三項対立を免れる領域を作るためだったのだろう。言語と世界はそれほど対応しあっているのかどうか。

すると、差異とは、否定による差異と否定なき差異とがあることになる。ドゥルーズが目指すのは否定なき差異の方だ。反復とは同一性の常同症的反復ではなく、差異的微分的な少しずつずれていく反復である。

哲学は厳密な同一性が不動のまま永遠に保存されることを理想的な状態と考えてきた。しかし、反復そのものが新しさを生み出すものでなければならない。それを強調したのがキルケゴールとニーチェであったのだ。概念とは同一性と恒常性を保存する器として考えられてきた。それを打ち壊すためにドゥルーズは様々な装置を提示する。

存在の一義性ということも、同一性を保証する最普遍者たる〈存在〉の同一性を意味するのではなく、生成の基体であって、潜在性の海であるという発想として読み取られていく。ドゥンス・スコトゥスの一義性論は、ずいぶん誤解されたままだったが、神を実体の無限の海として捉えるヨハネス・ダマスケヌス（ギリシア教父、六七四頃～七四八頃）の流れを継承していることは確かである。概念の同一性を意味するのではなく、潜在的包括性としての存在を説くのが一義性説だったのだ。

ドゥルーズの一義性への注目において重要なのは、次の二つの指摘を行ったことだ。一つは唯一の声が存在のどよめきを作っていたという指摘である。存在という一つの声の反復が哲学の歴史を構成していたのだという。この指摘は、アヴィセンナやモッラー＝サドラーにおける存在一性論とも響き合う。存在の一つの声がすべてを創り上げるという途方もない指摘は実は案外正統なのである。もう一つは、存在が差異自身について述語付けられるということである。ドゥルーズ自身が強調しているように、存在が個体化の諸差異について述語づけられるということであり、言葉で表現すると、哲学的な大転回を含意していることが見えにくくなるが、ここにドゥルーズは、プラトンの『ソピステス』の重要論点、「あらぬこと」は「ある」という転回点を見出したのである。この論点は哲学史の中ではずっと前から気づかれており、たとえばライプニッツが十六歳で書いた『個体原理論』のなかでも、「本性は自らを個体化する」という見解の中で気づかれていたのである。この論点が、内在性というドゥルーズにおける重要な論点を準備しているのである。

『差異と反復』の序論は、表象＝再現前化批判と同一性批判に明け暮れている。そして、第一章が一義性論となっている。第二章は、反復する出来事において生じていることを解明しようとしている。チック、チックという時計の音の反復から、チックタックという総合が生じることに重要なイメージが与えられる。そこには、「観照する精神における反復の融合」が生じており、そこに同一性の変容の図式が与えられるのだ。

反復されうるもの、反復すること、反復されたものという三項図式が概略的に与えられているのである。この図式は、過去、現在、未来と並べてもよい。未来とは徹底的に反復なのである。しかしこの反復は同一性の反復ではなく、多様性と細分化の様相を呈する。一義性とは、同一性ではなく、彷徨（errance）の道筋でもある。

彷徨とは道からそれて迷うことであり、だから譫妄《せんもう》（délire＝畝から外れること）ということになる。同一性の支配のもとに表象＝再現前化の世界が定義される。

一義性が内在性を準備しているという道筋が見えれば、〈ミニマル・ドゥルーズ〉を七割ほど理解したことになる。

(3) 第三階梯：反実現と内在性、シミュラクル、虚焦点

私は〈ミニマル・ドゥルーズ〉に「持続」を加えなかった。受動的総合と重なると思うからだ。反実現（contre-effectuation）という分かりにくい言葉も、個体化もほとんど同じ出来事の姿を現していると思う。

「反実現」についてもう少し踏み込んで考える。『意味の論理学』において登場する言葉だ。役者が自分の役を演じる姿として説明されている。「役者の実現は、宇宙的で物理的な実現に境界を定めて、そこから抽象的な線を引き出し、出来事の輪郭と光輝だけを保存する。自己自身の出

来事のコメディアンになること、反‐実現」(LS:176 邦訳 LS1:262)とある。要するに、出来事を抽出すること、スクリプトに書き込まれたあらゆる事柄から自分の役のところを抽出してそれを演じることで、出来事を現実化することだ。

役者は、最も収縮し最も瞬間的な点である現在の一点において、絶えず自らを過去と未来とに分割し、いつもまだ来ぬものであり続ける未来と、すでに過ぎ去ってしまったものである過去とを表象する。つまり、いつも先行しているものといつも遅れてくるもの、希望し続けているものと想起し続けているものとの両方を演じるために、引き裂かれ、亀裂を持った現在にとどまり続けるのである。現在というのは、過去と未来との蝶番、しかも脱臼しやすい蝶番なのだ。

反実現は、現在という瞬間にいかに亀裂が存在しているのかを示している。これは受動的総合には顕在化していない未来と過去との乖離と亀裂とを表している。ここでの個体化は反実現と同じなのだ。

ここで、シミュラクルとファンタスムで語られる枠組みについても見ておく必要がある。シミュラクルが同一性批判の文脈で、そしてプラトンのイデア論批判とも絡まって登場することは、思考のジェットコースター的移動に目が眩む。

ドゥルーズにしたがえば『ソピステス』の末尾においてシミュラクルの議論は極まる。ソフィストを定義するために、「あらぬ」ことを語る場合に、「あらぬ」もまた「ある」のでなければならない。「あらぬ」が「ある」というのを論理的な矛盾と捉えては、永遠に哲学は始まらない。「ある」と「あらぬ」を暴力的に対立させてはならない。

「あらぬ」が「ある」とはどういうことか。「あらぬはある」この命題はどう解釈すると真になるのか。どういうモデルを前提にすると真になるのか。この論点は、存在の一義性とも結びつく。

「あらぬはある」という命題は奇妙な命題ではない。本体と差異がある場合、そして本体が〈存在〉（ある）であるとき、差異は「あらぬ」ものとなる。これを思う存分豊かに語ることが西洋の存在論の課題であった。

見せかけ《シミュラクル》とは、異なるものが、異なるものに、差異それ自身によって関係するシステムである。ひとつならず存在するそのようなシステムは、強度的なものである。自分たちの差異によってこそまさに連絡《コミュニカシオン》の状態に入る諸強度量〔内包量〕の本性に、そうしたシステムは深く依拠しているのである。そのような連絡の条件（小さな差異、近接など）がいくつか存在するからといって、先行的な類似が条件となると信じてはならないのである。ただ、諸強度量は分割され、しかも分割されれば、必ずそれらに固有なレヴェルに即してそれらの本性を変えてしまうという、諸強度量の固有性だけを信じるべきである。（DR:355 邦訳 DR2:284）

ここで、シミュラクルという、ニーチェの永劫回帰と結びつく重要な概念が出てくる。或るセリーにおいて、構成する諸項は互いに類似性も同一性も持たず、バラバラであり、その意味では相互に乖離しあい、アナーキーなのだが、しかしそれでも一つの基体を持っているのである。遊牧民のように互いに干渉することもないが配分がなされ、アナーキーなのに一つの共通の基体を持つ世界、それこそ一義性の世界なのであり、諸項の関係を語る心的システムがファンタスムとシミュラクルなのだ。シミュラクルの重要な点はほとんどこれに尽きる。

『差異と反復』の以下の箇所は、シミュラクルとファンタスムの構造を鮮やかに示している。いや、シミュラクルとファンタスムは同じなのか、どのように異なるのか。

というのも、見せかけ《シミュラクル》つまり幻像《ファンタスム》はたんに、コピーのコピー、無限に緩んだ類似、劣化した似像ではないからだ。プラトン主義的な教父たちから大きな影響を受けた教理問答によって、わたしたちはこれまで類似なきイマージュという考え方に親しんできた。すなわち、人間は神のイマージュと神の類似をそなえているが、しかし原罪によってわたしたちは、そのイマージュは保持しながらも類似を失ってしまった……という考え方である。見せかけ《シミュラクル》は、まさに、類似なき悪魔的なイマージュである。あるいはむしろ、見せかけ《シミュラクル》は、似像《イコン》とは反対に、類似を外に出してしまったので、差異を糧として生きる。見せかけ《シミュラクル》が、外的な類似効果を生産するのは、見せかけ《シミュラクル》が錯覚として存在するからであって、内的な原理として存在するからではない。(DR:167 邦訳 DR1:341-342)

ファンタスムは幻や偽物を構築する能力だ。シミュラクルとは偽物だ。しかし、ファンタスムが自分自身とそっくりな偽物を作り上げ、それに自らの全本質を委譲する場合、つまり本物とそっくりな偽物が出来上がる場合、ファンタスムは、ファンタスムを反復再生することになる。偽物から本物を無数に作り上げる能力を備えるもの、それが人間だ。ファンタスムはシミュラクルを作り上げながら、自分自身を反復してしまう。それは不思議なことではない。この〈私〉はいつも偽物の〈私〉だと感じる場合、〈私〉の悪循環が生じていると言えるのではないか。ニーチェは、神という悪循環を語った。〈私〉においてもそれは生じているとは言えないのか。

見せかけ《シミュラクル》は、それ自体、齟齬［＝乖離：引用者山内追加］のうえに構築されており、おのれを構成している諸セリーの非類似と、おのれの諸視点の発散を内化してしまっているので、その結果、見せかけ《シミュラクル》は、同時に、いくつかの事物を見せてくれるし、いくつもの物語を語ってくれるのである。そこに、見せかけ《シミュラクル》の第一の特徴がある。しかしそうしたことは、〔第二の特徴として〕、以下のようなことを教えてくれるのではないだろうか。すなわち、見せかけ《シミュラクル》がおのれ自身を範型《モデル》に関係させる場合には、この範型《モデル》はもはや、イデア的な《同じ》ものの同一性を享受することはなく、その範型《モデル》は、反対に、《他》なるものであり、他の範型《モデル》であり、内化された非類似がそこから生じてくる当の即自的な差異の範型《モデル》であるということだ。

(DR:167 邦訳 DR1:342)

それどころか、プラトン主義のただ中、つまり『ソピステス』のなかに、ファンタスムとシミュラクルの構造が見られるとまでいう。プラトン自身がプラトニスムの転倒を考えていたということになってしまうが、それほど奇妙なことではない。ドゥルーズを読んでいると、哲学史は七変化するのだ。プラトンのイデア論は、表象＝再現前化の拘束のなかの同一性の神話といった程度の話ではないと思う。プラトンのイデア論も、カントの理性概念（理念）が不可能性への希求という基本姿勢を持つものだと考えれば、そしてそれが哲学の使命であると考えられるのだから、ドゥルーズは哲学の正道を歩んでいると言える。

プラトンがプラトニスムを転倒させようとしていたかには、こだわるつもりもないが、イデアも理念も超越論的な次元を表す概念たちであるから、不思議なことは述べられていない。プラトンによるプラトニスムの転倒と、ドゥンス・スコトゥスの一義性と、ニーチェの永劫回帰が結びつく道筋は哲学を乱暴に見ているのかどうか分からないが、大きな読み替えがなされているのは確かだ。

さらに小さな〈マイクロ・ドゥルーズ〉

ドゥルーズを早わかりするために〈ミニマル・ドゥルーズ〉というのを考えてみた。十分に複雑である。この複雑さはどこまで行っても解消しないし、ハビトゥスとして心に定着してしまえば、ドゥルーズを苦労せずに享受できるような気がする。

分かりやすくするために、〈マイクロ・ドゥルーズ〉という〈ミニマル・ドゥルーズ〉をさらに縮小したものを考えるとすれば、ドゥルーズの枠組みは、

時間化されうるもの、時間化するもの、時間化されたもの

temporabile, temporans, temporatum

という三項図式が基本にあるような気がする。

しかし究極的には、次の三項図式に還元されると思う。

ドゥルーズ化されうるもの、ドゥルーズ化するもの、ドゥルーズ化されたもの

deleuziabile, deleuzians, deleuziatum

この三つの要素、いやペルソナと言った方が歴史的系譜を示したことになるかもしれないが、これら三つの項を一つにして成立している三位一体こそ、ドゥルーズ哲学なのだと思う。三つの項というよりも、作用の中に原理と結果が顕現し、作用そのものが現成していくのだ。作用が自らを作用化する、というような再帰的作用、自己関係的な働きが、線的にではなく、平面において、しかも落差とポテンシャルを伴った平面で考えられているのだ。

第二章

存在一義性という革命

『差異と反復』の中の次の一節は、中世に関心を寄せる者に雷鳴の如く鳴り響いた。七〇年代の読者のほとんどは、ドゥンス・スコトゥスの思想も、存在の一義性も知らなかったのだ。中世の存在論はアナロギアが基本だと思っていたときに、この一節は驚天動地の言明だったのである。

> 結局、〈《存在》は一義的《ユニヴォック》である〉という存在論的命題しかなかったのである。結局、唯一の存在論、すなわち、存在に唯一の声《ヴワ》を与えるドゥンス・スコトゥスの存在論しかなかったのである。なぜドゥンス・スコトゥスかというと、彼こそが、なるほど抽象化してしまったのかもしれないが、とにかく一義的な存在を最高度の精妙さにまで仕上げることができたからである。しかし、パルメニデスからハイデガーに至るまで、まさに同じ声が、それだけで一義的なもの〔存在〕の全展開を形成するようなひとつのエコーのなかで繰り返されるのである。唯一の声《ヴワ》が、存在のどよめきをつくりあげているというわけだ。（DR:52 邦訳 DRI:106）

私も私の周りの人々も、中世哲学への無知を恥じて、スコトゥスの読書会を始めた。それぐらい衝撃的だった。『差異と反復』の機軸を構成する論点である以上、ここで存在の一義性について論じておくのは不可欠のことだ。ただ、ドゥンス・スコトゥスの研究においても、存在一義性の論点はあまり分かりやすい説明はない。したがって、この説明には難渋することになるが、避けて通るわけにはいかない。ドゥルーズ哲学の基本でありながら、ドゥルーズ研究者も苦労する論点を説明することにスコラ学者も少しは役に立てるだろう。アラン・バディウ（一九三七〜）

もピエール・モンテベロ（一九五六〜）も一義性の理解については心もとない。

存在の一義性という論点はドゥルーズ哲学の最も根幹を形成し続けたものだ。そして、そこに〈此性〉というやはりドゥンス・スコトゥスに由来する概念が絡んでくる。存在の一義性、〈此性〉、強度、最終的差異といった概念がドゥルーズのテキストにしばしば登場する。これらのものはすべてドゥンス・スコトゥスに由来する。ドゥルーズはきわめてドゥンス・スコトゥス的な思想家なのだ。両者とも、細かい概念が無数に登場し、哲学的枠組みは複雑である。しかしながら、思想の全体的な姿格好が見えないと哲学はとてもつらい作業になるが、この二人の巨星の思想の姿が問い求められているのであり、私には思想の姿格好、配置（configurarion）というべきなのか、配列・星座（constellation）というべきなのか、いや〈かたち〉というべきなのか、この〈かたち〉においてとても似ていると思う。私が書くことはこれに尽きる。ともかくも、この一義性という問題は、砂浜に押し寄せる波のように波状的に何度か論じなければならないかもしれない。

スコラ哲学を研究する者がドゥルーズ哲学を語ることはできるのか。日本を含めたアジアや東洋の人々は、西洋のスコラ哲学に対して舶来の珍品として接することしかできないのではないか。なぜ日本人が理解もできないスコラ哲学を研究しなければならないのかという思いが、疼く傷のようにいつも私の心に現れる。だがドゥルーズはスコラ哲学と毎日の散歩の途中で挨拶を交わしあうような感じで付き合う。日常の中にスコラ哲学が染みている。ドゥルーズは、普段の生活のそこかしこに無造作に置かれている日用品を愛でるようにスコラ哲学に接する。そうであればスコラ哲学を普段呼吸している彼とも会話することができるのではないか。

いやそれどころか、ドゥルーズは意外にも礼儀正しいスコラ学者であるようにも思う。そんな言い方が乱暴でなければ、伝統的な流れの中でドゥルーズを読み解くこともできるように思うのだ。少なくとも、私はドゥルーズの思想に理解できない難解さをいつも感じながら、遠い思想家だとは思わない。近しい思想家に思えてくる。

彼の思想において難渋する箇所は、スコラ的枠組みを適用して読み解こうとすると読み解けるときがしばしばある。スコラ哲学は、複雑な概念とテキストの膨大さと冗長性の牙城のように見えるが、概念の訓練場であって、概念の基礎的修練の場面なのだ。哲学のトレーニング場である。ドゥルーズは、大哲学者の用語を「誤解」しているように用いるが、十分に概念の訓練を行っており、スコラ哲学の作法を踏襲している。このことは強調されるべきだ。ドゥンス・スコトゥスも新語を作った。

しかし、それもスコラ的概念形成法を踏まえているから理解できるが、ドゥルーズの造語もスコラ的概念形成法を踏まえているのだ。第一章の〈ミニマル・ドゥルーズ〉でもふれたことだが、ドゥルーズの基礎的枠組みは三項図式だ。これは中世スコラ哲学の基本原理を踏襲しているのだ。アリストテレス－トマス的枠組みでは目立ちにくいが、新プラトン主義の系譜のイスラーム哲学経由での中世アウグスティヌス主義の中では三項図式が主流だったのだ。

ドゥルーズの装置はスコラ哲学的である場合が案外多い。難解な枠組みもスコラ哲学の枠組みを基本にしているのだ。ドゥルーズがスコラ哲学の作法を守っているさまは次の例にも見られる。例えば、乖離した（disparate）概念は、「齟齬する概念」と訳されている。スコラ哲学では、相互に述語づけられず、反対概念のように矛盾関係にあることなく、引き離され、分離したものである。結合されることはないが、一つの基体において結びつき得るものである。対・ペアを構成できない概念である。「白さ」と「甘さ」のような関係がそうだ。存在の一義性とは、乖離した諸概念の系列のことなのだ。瞬間がすべてバラバラであって、乖離しあっている系列こそ、一義性の系列なのだ。

1　存在の一義性とは何か

私もドゥルーズを少し読み始めたころ、ドゥルーズは存在の一義性という思想を誤読していると信じていた。ドゥンス・スコトゥスは存在の一義性を語ったが、存在はすべてのものにとって同じ意味であるという形式的な説明が、スコトゥスの意図から離れていることは後で説明することにして、ドゥルーズが一義性（univocus）とは一つの（una）声（vox）だというのは、悪い冗談に違いないと思った。きわめて初歩的な語源解釈で誤っているではないか、と思ったのだ。

しかし、それは私自身の根本的誤解であった。ドゥルーズの書き方を理解していなかった。概念の表面的な意味と、深い底で鳴り響いている地鳴りとの落差に思いを至らせられなかったのだ。一義性についての『差異と反復』における説明は、初学者であれば初歩的な誤解となるが、ドゥルーズはそんな思想家ではない。エキスパートである彼は正しい誤解と新しい伝統を作り上げるのだ。若いころの哲学のテキストの読み方を見ても分かるように、正しく丁寧に読み取ることなど当然踏まえて通常の理解の先に行くのだ。わざと誤ったような読み方をしながら、正しい読み方を嘲笑い、「正しい」読み方よりも「もっと正しい」読みを考え出す人だ。テキストを正しく読み取ることに難渋するレベルをはるかに超えている。「一つの声」としての一義性という考えを縦横無尽に広げ、豊かに語る。だから、ドゥルーズの誤読は手品と同じで、読者へのサービスなのだ。一つの声は地底で響く存在の地鳴り、地籟《ちらい》なのだ。存在論という営みが聞こうとしているのはこの地鳴りなのだ。

私がこの本で書くのは、ドゥルーズに関する網羅的な研究書ではない。私がドゥルーズを誤読してきたこととの告白である、ドゥルーズへの懺悔《ざんげ》なのである。ドゥンス・スコトゥスの存在一義性についてのテキストを私はドゥルーズよりも正確に読んでいると思ってきた。中世哲学については、ドゥルーズよりも一日の長があると思ってきたのである。ドゥルーズは、そんな素人臭い次元にいる人物ではない。

私がドゥルーズに対して懺悔しなければならないのは、彼が哲学史に対して、自分の理解可能性の限界を見定めた上で、その理解可能性の尺度に合致した理解を造り上げていることを見損なっていたからだ。師匠であるモーリス・ガンディヤックの戦略的な中世哲学の読み替えを目の前にしていた彼が、存在の一義性の意味や、アヴィセンナの存在論の概要を分からなかったはずがないのだ。エチエンヌ・ジルソン（中世哲学史家、一八八四〜一九七八）やポール・ヴィニョ（中世哲学史家、一九〇四〜一九八七）の読みとは別に彼は自分の哲学史への通路を持っていたのだ。だからこそ、ドゥンス・スコトゥスのテキストをそれほど読まなかったとしても彼は自分でスコトゥス哲学を輪郭づけられるほど理解していたのだ。

存在の一義性とは、恐ろしい思想である。すべてのものに〈存在〉が述語づけられるという、〈存在〉の大平原を表す思想とみるだけでは、その禍々しさを捉えていないと思う。〈存在〉は差異に述語づけられる、と述べた方がよい。そしてドゥルーズが注目するのはこちらの方だ。差異も〈存在〉であるがゆえに、〈存在〉だけが同じように鳴り響いているように聞こえても、無限の多様な生成を引き起こしている。〈存在〉の一義性とは、単調に繰り返される雨垂れの連続に近いのではなく、軍隊が進軍ないし行進するときに打ち鳴らされる太鼓のように、変化をもたらす反復なのだ。存在の一義性は、ドゥルーズによって、恐ろしい新しい思想として、顕現したのだ。これは特筆すべきことだ。

ドゥンス・スコトゥスが述べた一義性とドゥルーズが考える一義性はどのような関係にあるのか。存在の一義性を存在はすべてのものに同義的に述定されるという形式的理解にとどまっている限り、存在一義性の意味は見失われたままだ。オリヴィエ・ブルノワ（一九六一〜）によるスコトゥスの一義性思想が語られた箇所の仏訳が刊行されたのが、一九八八年であり、ドゥルーズが一義性に注目するようになったのは、一九八五年だから、ドゥルーズの方が先行している。

私が花井一典（一九五〇〜二〇一〇）とスコトゥスの翻訳に格闘していたのは、一九八八年のことだった。ブルノワの訳を手に入れたのは、ゲラが出来上がった後のことだった。二人で訳している間は手に入りにくいドイツ語訳だけが頼りの状態だった。スコトゥスの一義性がいかなるものか信頼すべき解釈も見つけられないまま無我夢中でスコトゥスの翻訳に取り組んでいた。そういう状況で、ドゥルーズの解釈は、乗り越えなければならない解釈として闘志を掻き立てるものであり続けた。しかし、ドゥルーズにとって、一義性は、フランスのカトリック優勢の思想界のなかで、トマス・アクィナスのアナロギアが権威を持つ中で、反抗の拠り所となる重要な基盤であったことは予想できる。重要な戦略拠点だったのだ。我々は、そんなドゥルーズの現代思想のなかにおける配置に気づかないまま翻訳の海の中で溺れ続けていた。

ドゥルーズにとって、存在の一義性は、ドゥルーズ的に解釈が加えられたものとしてのその図式は彼の哲学の基本図式を構成している。ちょうど西田幾多郎が『善の研究』で構成した「絶対矛盾の自己同一」がその後の西田の思想の変化発展のなかでも基本図式としてとどまり続けたように、ドゥルーズにおいても、存在一義性は基本図式として維持されたと思う。

では、ドゥルーズの存在一義性が、ドゥンス・スコトゥスのいう存在一義性と異なるのかどうかと尋ねられたら、私としては予想以上に似たものだと答えたい。

もちろん、ドゥルーズの一義性理解に対しては、多くの批判が向けられてきた。たとえば、アラン・バディウは『存在の喧騒』においてドゥルーズに批判を加えるが、私にはバディウの方ががっかりするような浅薄な一義性理解を示しているように思う。ドゥルーズにおける存在の一義性は一つの声＝一つの叫び声でしかないと言い切って見捨てている。

存在一義性は存在論や論理学の問題にとどまるのではなく、認識論、享受論、個体化論との関連を含んだ、滋味豊かな理論であって、そのスコトゥス思想の全体を覆う射程を見渡すことなしに、論理的なレベルで理解するのは、素朴な次元で誤解であるのみならず、本質的な次元で浅薄である。というのも、スコトゥスの一義性は伝統的な一義性とは異なっているのであって、アリストテレスのいう一義性の枠組みと異なる次元で話が始まっている。そこを理解せずに、素朴な一義性理解でとどまってしまっては、スコトゥスの有していたアリストテレス批判の目論見は理解されぬままにとどまる。そして、ドゥルーズもまたアリストテレス的存在論への徹底的執拗な批判において思惟の歩みを行っていた。それが見えなくなってしまう。

アリストテレスの実体論に拘束された存在－論理学への批判は、スコトゥスにも明確に存在し、またアリストテレスの三項図式記号論、意味論の構図に対するストア派的な批判は、まさにドゥルーズが『意味の論理学』において展開したことだ。中世の論理学もまた、ストア派的な論点の導入は決定的に重要な論点であったのだ。

当時のフランスにおいて、ドゥンス・スコトゥスの名は知られてはいても、その内実が伝わっていたわけではない。E・ジルソンが先駆的に『ヨハネス・ドゥンス・スコトゥス：スコトゥスの基本的見解叙説』を著したのが、一九五二年だった。これは、ジルソンが長年にわたって行ってきたドゥンス・スコトゥスについての講義録をまとめたものであり、その研究の集大成なのだが、スコトゥスの全体像を分かりやすく伝えるものではない。

スコトゥス研究は、英語の文献において広がっていた。シャーセル（Cyril L. Shircel）の『ヨハネス・ドゥンス・スコトゥスの哲学における存在の概念の一義性』が一九四二年、ジルソンの『ドゥンス・スコトゥスの形而上学における超越概念とその機能』が刊行されたのが一九四六年であり、それらが一九七〇年代におけるドゥンス・スコトゥス研究の状況だった。

ドゥルーズの一義性理解はそれらを起源としているのではなく、むしろジルソンの若い頃の先駆的研究、忘れ去られたような研究に依拠しているようだ。ジルソンは『中世学術史文献史叢書』において、一九二〇年代にアヴィセンナの影響とドゥンス・スコトゥスがそれを受容したことを示す研究論文を続けざまに著していた。ほとんど注目されなかったようではあるが。

ジルソンの重要な論文は「なぜトマス・アクィナスはアウグスティヌスを批判したか」（一九二六）、「アヴィセンナとドゥンス・スコトゥスの出発点」（一九二七）、「アヴィセンナ的アウグスティヌス主義のギリシア‐アラブ的起源」（一九二九）の三本である。

これらの研究における論点は、アヴィセンナがギリシア的な伝統をどのように受容し、再編成し、それをどのように西洋中世に伝え、どのような影響を与えたかということを解明することだった。この点は決定的に重要なことではあるが、解明しなければならない点が多すぎて、未だに全貌は定かならぬ状況にある研究領野である。ジルソンが先鞭をつけたとは言え、預言的研究プロジェクトは伝わらぬままにとどまった。

ドゥルーズが、どのような順番でドゥンス・スコトゥスの一義性に出会い、アヴィセンナの「馬性はそれ自体では馬性でしかない」というテーゼに出会ったのかは、判然とはしないが、アヴィセンナが『論理学』という教科書の中で「動物は動物に他ならない（Animal est animal tantum）」という命題を用い、その重要性を指摘したのが、先ほどのジルソンの一九二〇年代の論文だったのである。Animal est animal tantum というドゥルーズのお気に入りの一節となったテーゼに出会うことは容易なことではなく、そしてそれがドゥンス・スコトゥスの一義性との結びつきにおいて示されるのは、まさにジルソンの「アヴィセンナとドゥンス・スコトゥスの出発点」だったと私は思う。

なぜこういった背景、かなり煩雑なスコラ哲学研究史に入り込まなければならないのかを述べると、ドゥルーズが一義性の核心を「存在は〈差異〉それ自身である」と整理することが、スコトゥスの一義性理解から隔たっているのかどうかを知る際の参照点が得られるからなのだ。結論を少し先取りすると、ドゥルーズの一義性理解は、スコトゥスのそれから離れてはいない。

ドゥルーズの哲学史理解の流れを、プラトニスムの転倒、反アリストテレス主義、ルクレティウスのクリナーメン、ストア哲学の記号論、アヴィセンナ、ドゥンス・スコトゥス、スピノザ、ライプニッツ、ヒューム、カント、ニーチェ、ルイス・キャロルと並べる場合、そしてそこに一貫した「ドゥルーズ節」の響きを感じ取る際、アヴィセンナの「動物そのもの」は不可欠の一節となる。存在と哲学の海で溺れている者には、藁であろうと手につかめるものがほしい。アヴィセンナの「動物そのものはそれ自体では動物そのものでしかない」という言葉は謎めきながら、手につかめるもの、手掛かりなのだ。トマス・アクィナスもアヴィセンナの『論理学』のなかのその一節に何かを見出したのは確かなのだ。差異を主題化したのが、存在の一義性ということであり、その秘密をドゥルーズはスコトゥスから継承したのだ。

アナロギアはアリストテレスの道具、アリストテレスが部分的処理のために使った道具だ。トマス・アクィナスにおいても基本的道具ではない。中心的道具としたのは別の人（ガンのヘンリクス）だ。アリストテレスは「存在は様々な仕方で（同名異義的に）語られる」と述べ、存在の一義性を否定している。スコトゥスは、存在の一義性を語る。或る時期までは、スコトゥスもまたアナロギアを語っていた。途中から一義性を強く語り出す。その一義性説は、アヴィセンナの立場を一義性として捉えていた時期の後に登場する。一義性は、非アリストテレス的な立場なのである。これは明らかだ。

アリストテレスを指向するとは、学（scientia）を目指すことだ。「学」はどうしても、抑圧の装置になる。「学」は正統なるものと異端を明確にわけ、異端を排除して、正統なる血統を準備し、それを見分ける規準と判定能力を付与することで、同一性を保とうとすることだ。抑圧装置を持たない「学」は「学」の名に値しない。一義性は、「学」を目指すように見える。統一性と普遍性を有する知の空間を準備するための思想に見える。しかし、スコトゥスにおいて、一義性は知の普遍性のために希求されたのではない。神の自然的認識の可能性という、ほとんどありそうにもない事柄の可能性を示すためのものだった。カントの純粋理性概念についての認識可能性とほぼ重なる事柄が追求されている。

問題は認識の可能性ではない。認識の彼方にある享受の可能性、愛の可能性を示すためだ。考えてみれば当たり前のことだ。人間がこの世界に創造されたのは、人間が至高なる認識機械として完成されるためではないのだから。認識のために生き、認識において死んでいく人間は僅かしかいない。

2　一義性と差異

「一義性」は、ドゥルーズにおいて、差異を作るための呪文である。「一義性」とは「同じ意味」ということではない。これはドゥンス・スコトゥスに対する反逆ではないのか。だからこそ、少ししつこく一義性について見ておく必要がある。スコトゥスの一義性の理論と、ドゥルーズの理解と、両者の乖離と一致を見定めておく必要がある。

ドゥルーズは、「〈存在〉は差異自身について述語づけられる」「〈存在〉が差異なのである」という言い方をする。あまりにも省略しすぎた言い方だが、これはスコトゥスの一義性ときわめて合致する語り方だ。そして、「一義的な〈存在〉は、遊牧民（ノマド）的配分であると同時に、戴冠せるアナーキーなのである」という言い方は、スコトゥスからかなり離れてしまっているようだが、十分に理解できる言葉なのだ。

ドゥンス・スコトゥス自身、存在の一義性を強調したのは、根源的に異なったもの（primo diversa）相互においてである。この「根源的に」という用語は「最初に、第一に」という意味でも用いられ、ラテン語においてもつい読み飛ばしてしまいそうだ。そういう小さな言葉に距離と乖離と飛躍が込められている。「根源的に異なったもの」は、スコトゥスにおいては、決定されうるもの（determinabile）と決定されたもの（determinatum）の間に見出され、この両者の間に決定するもの（determinans）、決定作用（determinatio）が置かれる。この図式は、ドゥルーズではちょっと変更が加わるが、基本的には同じものが用いられている。これは重要なことだ。ドゥルーズ自身は、そこまでスコラ哲学に依拠してはいないよ、と言いたがるだろうが、私から見ると、ドゥルーズこそ、最後の究極のスコラ学者なのである。

一義性（univocus）は、「一つの声」ということだ。このテーゼは繰り返されなければならない。〈存在〉という一つの声だけが西洋形而上学では鳴り響いていて、その〈存在〉という一つの声が、総ての差異を造り出してきたというのだ。法螺話と笑うよりも先に、ドゥルーズの慧眼を賞賛すべきだ。スコトゥスは、一義性によって、アリストテレスの存在論を否定した。アナロギアも否定した。これは確かだ。そして、「動物は動物でしかない」という無味乾燥な命題に、その響きを聞きとり、全身を浸すことができるかどうかが、分かれ目となる。

ドゥルーズの慧眼は、一義性の問題が形相的区別と直結していることを見抜いていることだ。「形相的区別」、この理論は難しい。かつてモーリス・グラジェウスキー（フランシスコ会士、一九一六〜）は『ドゥンス・スコトゥスの形相的区別』というモノグラフを著した。私も熟読した。しかし嬉しくなるぐらいに絶望的に分からないのである。形相性の区別ということだ。しかも、この「形相性」ということが分からない。概念でも事物の中の性質でもない。では何か。スコトゥスの弟子たちは難渋する。我々の無理解を癒すほどまでに難渋した姿を示している。その困難をドゥルーズは飛び越える。

高速で飛び回る青白い鬼火ドゥルーズは、ずっと先まで見通している。主語と述語、命題内部での真理条件の次元ではなく、それに先立つ超越論的な場面、述語が付与されるための可能性の条件の場面が論じられていることを見抜く。「形相性」とは、述語や普遍ではなく、述語や普遍を可能にする条件に関わるものだ。「馬性は馬性でしかない」「動物は動物でしかない」とアヴィセンナが語った次元であり、ドゥルーズ自身このアヴィセンナの言葉に何度も何度も立ち返る。可能性の条件であるものを、精神は物象化したくて、外部に投影して、存在者のごときものを創り上げたくなる。手前を見るべきなのに、向こう側の方に探してしまう。

述語や普遍となってしまった途端、同一性が措定されてしまう。しかし同一性に先立って、差異が保存されている次元があって、それが問題となっている。一義性がそれを問題にするというのだ。

同一性の手下となる表象＝再現前化への批判も一貫した読み取り方なのだ。私たちは、『差異と反復』や『意味の論理学』を読みながら、スコラ学者として、何度もブラボーを叫ばなければならない。


存在の一義性とは、唯一の同じ存在があるということではない。反対に、存在者は、常に分離の総合によって生産されるから多様で異なっており、存在者自身が、分離し発散していて、解体された体（membra disjoncta）である。存在の一義性の意義とは、存在が〈声〉であるということ、存在が自ら語るということ、しかも、存在すると語られるところのすべてを存在が唯一の同じ「意味」で自ら語るということである。(LS:210 邦訳 LS2:13)

存在の一義性は、アヴィセンナの影響下に成立している。だが、このアヴィセンナの哲学の姿がずっと不十分なままで来てしまったので、アヴィセンナからスコトゥスへ、そしてドゥルーズへという筋道が見えにくくなってしまった。

ドゥルーズは、『意味の論理学』の第5セリーで、アヴィセンナにおける本質の理論を紹介している。ここで語られている「本質」は、西洋中世では本性(natura)や何性(quidditas)と言われるものと同義である。ドゥルーズは、何度も動物そのもの(animal tantum)という表現を用いる。人間存在の根底にある潜在的な層や無意識や欲動と重なるからだ。そして、これはアントナン・アルトー(一八九六~一九四八)の〈器官なき身体〉とも結びつきやすいし、シモンドンの特異性とも結びつきやすい。

アヴィセンナは本質を三つに区別した。この三つの本質というのは決定的に重要である。(1)本質を一般的なものとして思考する知性にとっての普遍的な状態、(2)本質が受肉して、物象化することで成立する特殊な事物との関係における個別的で特異な状態。(1)がタイプであるとすると、(2)はトークンということになる。(3)として、本質そのもの、「動物は端的な動物(animal tantum)以外の何ものでもない」と言われる場合の「端的な動物」と言われるものだ。これは、アヴィセンナのラテン語に訳された『論理学』に登場するものである。

(3)は、アヴィセンナの『形而上学』第五巻では「馬性はそれ自体では純然たる馬性に他ならない」と言われる場合の「純然たる馬性」に対応する。

tantumというラテン語は、アヴィセンナのラテン語訳では独自の重要な意味を有していた、いかなる修飾も限定も加工も受けていない、人間の知性による構成を受けていない、事物そのものの構成要素のことである。「単なる動物」とも訳されるが、「端的な動物」や「純然たる動物」と訳した方が意味は見えてくる。これを一般的に呼び習わす名称は、不思議にも一定ではなく、「絶対的に考察された本性」「共通本性」などとも言われた。この点については、拙著『普遍論争』(平凡社ライブラリー)で論述した。

存在の一義性とは、存在の意味が同一であるとか、一つの存在という語が同じ意味において述語付けられるというような思想ではない。もちろん、存在は一つの類であるという発想でもない。最もシンプルに言えば、存在は差異に述語付けられる、ということだ。ドゥンス・スコトゥスにおいても、存在一義性はさまざまに語られるが、シンプルな形式でいえば、「根源的に異なるもの(primo diversa)においても存在は一義的に述語付けられる」ということだ。

存在の一義性とは、ドゥンス・スコトゥスにおいても、意味の同一性の問題ではなく、非同一性の問題なのである。同一性こそ差異の起源であり、差異と変化において同一にとどまるものの問題ではなく、自ら変化するものとしての存在の意味が問題なのである。

個体化の問題が、自らを個体化する本質(essentia se individuans)に行きつくことを示したのは、フランシスコ・スアレス(一五四八~一六一七)だったが、その論点はドゥンス・スコトゥスにもすでに現れていた。一義性の問題を、似たような仕方で表現すれば、自らを一義化するものとしての存在（ens se univocans）がここでの問題なのだ。存在が存在を限定し、存在が存在を個体化する、といってもよい。『差異と反復』という問題は、同一性がいかにして差異を引き起こしうるのかという問題をめぐって回転しているが、この論点をドゥンス・スコトゥスが予知していたとしても、それほど奇妙なことではない。

非同一性の潜在性であることが同一性の本質なのだ。この図式は、ちょうど西田幾多郎において、「絶対矛盾の自己同一」が『善の研究』に胚胎し、それが彼の全哲学を支配したように、それと同じ仕方で、このように理解された存在一義性が、ドゥルーズの全思想を覆っていたということもできるように思われる。存在一義性こそ、ドゥルーズ思想の母親なのだ。これは永遠に何度でも繰り返し語られるべきことだ。

アラン・バディウの『存在の喧騒』におけるドゥルーズの一義性批判は、スコトゥスの一義性が、神と被造物、実体と偶有性、限定されるものと限定するもの、無限と有限という隔絶したものにおいて、直接的に無媒介的に接合がなされているという点に向けられる。ドゥルーズもそれを継受しているとバディウは考える。そうではない。ドゥルーズでもスコトゥスでも、存在そのものが媒介となって、接合を果たすということが論じられているのだ。一義性よりも、媒介性が問題となっている。別にここで、ハイデガーや志向性批判がなされているわけではない。

3　スコトゥス主義者ドゥルーズ

　ドゥルーズがビルから自分の身を投げて死を自分で手に入れた後、一九九六年一月の『現代思想』でドゥルーズ特集号が組まれた。そこに私は「ドゥルーズの中のドゥンス・スコトゥス」という文章を書いた。私自身におけるドゥルーズへの愛憎のアンビバレンスのなかで自分の姿勢を保てないまま、概念の表面だけを追いかけて書いた。何の意味があったのだろう。私は、ドゥルーズによって中世哲学、特にドゥンス・スコトゥスに招き入れられたのである。『現代思想』のドゥルーズ特集号の文章をそのまま載せるのは、冗長であるので、要点だけ絞って大幅な修正を加えた上で収録しておこう。哲学史についての「正読」と「誤読」があるとしても、哲学史は何をなすべき営みなのかという点で迷いがあり、やはり正確に読むべきだという心と、正確に読んでどうなるという心がある。以下のところは、とりあえず正確に読もうとする「頭の固い」読みの視点から書いてあることはご容赦いただきたい。

　中世哲学といえば、アウグスティヌスとトマス・アクィナスに関心のほとんどが向けられてきた。一九八〇年頃から、それ以外の思想家への関心はほんの少しだ。アンセルムス（一〇三三～一一〇九）、アベラール（一〇七九～一一四二）、スコトゥス、オッカム（一二八〇頃～一三四九頃）などにも関心の残りが配分されているが、それ以外の思想家となると、いくら重要であっても、掬い上げようとする人は減ってくる。スコトゥスからオッカムを核とする問題の圏域に絡む思想家だけを挙げても、ガンのヘンリクス（一二四〇以前～一二九三）、ペトルス・ヨハネス・オリヴィ（一二四八頃～一二九八）、ペトルス・アウレオリ（一二八〇頃～一三二二）など、数多いし、それ以外の重要な思想家となると本当に枚挙にいとまがない。腐海のごとき深く昏い中世哲学においても、大きな道は通っている。普遍論争もそうだし、アナロギア対一義性もそうだろう。いずれもが単純そうで、見通しのきかない、曲がりくねった道筋なのだ。この本で、オブジェクトを論じるのも、一義性への道を歩みながら、迷い込んで入り込んだ小道だ。本道に戻れるのだろうか。

スコトゥスは伝統的な意味での一義性を守りながら、存在の一義性を主張したのではない。一義性とは名前も意味も同じであるということではない。形式的定義は捨てねばならない。この点を見落とすと、スコトゥスの主張は理解できないものとなる。一義性の適用範囲は伝統的には有限性の範囲に収まっていた。だからこそ、有限存在と無限存在の両者を扱う場合には、アナロギアで語られるのは、スコトゥス以前においては、トリビアルに真なのである。

スコトゥスはある時期までアナロギア説を採っていたが、ある時期からアヴィセンナの見解を受容して、一義性説に移っていった。その改心、いや根源的改心にこそ、スコトゥス哲学成立の鍵があった。このような枠組みで考えなければ、アヴィセンナが存在の一義性として分類されていた枠組み、つまり若い頃のスコトゥスが『形而上学問題集』第四巻を書いた頃に普及していた枠組みも、スコトゥスがなぜ一義性を敢えて取り入れたのかも分かりにくくなる。いやしかしここでは歩みを戻そう。上記の点については拙著『存在の一義性を求めて』（岩波書店、二〇一一年）で論じておいた。

ここで述べられている一義性とはどういうことか。要点となるのは、「神と被造物に共通なところは何であろうと、有限と無限に中立的なものとしての〈存在〉に適合するものなのである」ということだ。存在そのものは中立的（indifferens）である。ここで、中立性・無差別は理解しやすい、安全な概念ではない。中立性とはとても危険で滑りやすく豊かな概念だ。

アナロギアの理論は、有限存在と無限存在の対立において、存在それ自体の中に境界を引いておく。このような理解には検討すべき点を含んでいるが、とにかくそこでは、ア・プリオリにヒエラルキーが前提されている。これとの比較で言えば、一義性の理論では、存在はカテゴリー＝土地の区画を前提しているわけではない。〈存在〉それ自体が中立的であることは、〈存在〉は、いかなる限定にも先立つものとしてある限り、神と被造物に共通するということだ。ここでは、無限と有限、必然と偶然の間に存在していた絶対的区画は取り払われる。しかしだからといって、〈存在〉の一義性には、存在論における遊牧民の家畜達が、区画を乗り越え、畦を蹂躙し、ヒエラルキーを破壊するということは何ら含意されていない。

ドゥルーズもこのことには十分に気付いていた。ドゥルーズが、一義性に反秩序の側面を見出そうとするのは、最も普遍的な場面との対極点、個体化の場面においてである。

一義性の本質的な点は、《存在《ある》》がただひとつの同じ〈意味《サンス》〉において言われるということにあるのではない。その本質的な点は、《存在《ある》》が、ただひとつの同じ〈意味《サンス》〉において、おのれの個体化の諸差異〔ファクター〕つまり本質的な諸様相〔ファクター〕について、言われるということにあるのだ。(DR:53 邦訳 DR1:108)

「要するに、《存在《ある》》は、差異それ自身について述語づけされるということである」(DR:53 邦訳 DR1:109) とドゥルーズは要約する。この結論は実に驚くべき事態である。驚くべきことでないように見えて、途方もない事態だ。もしそうでなかったら、存在論の系譜をスコトゥス—スピノザ—ニーチェによって代表させるなどということもできるはずがない。しかし、一体、なぜ驚くべきことなのか。

「すべては等しくある」という言葉が、そうした等しい一義的な《存在》のなかで、等しくはないものについて言われるという条件のもとで、まさしく愉快な言葉として鳴り響くことができる。(DR:55 邦訳 DR1:113)

una-vocus、つまり「一つの声」、一義性とは一つの声だというのだ。存在の一義性においては、「存在」という一つの声だけが鳴り響いているのだ。このモチーフは決定的なものだ。「存在」の代わりに、「動物(animal)」を代入すれば、別のバージョン(アヴィセンナ・バージョン)ができる。いずれにしてもこのモチーフはとても愉快だ。哲学が「存在」以外のことを語ったとしても、それは「存在」の異名なのであり、念仏のごとく、呪文のごとく、挨拶のごとく、哲学者たちは「存在」を繰り返し語ってきたのだ。そしてそれが存在の一義性だとすれば、これほど楽しい哲学は存在しない。哲学をする者は大いに笑え！

ここに、更にスピノザのテーゼ、「すべての限定は否定である」を持ち込めば、正確さは少し失われるが話は早い。内部が外部によって限定されることと、〈存在〉と差異の関係を類比的に捉えれば、〈存在〉が差異それ自身に述語づけられるということは、内部が外部に述語づけられること、敢えて言ってしまえば、内部は外部であるということだ。

それら事物はすべて、絶対的な近さのなかに存在するのである。存在の一義性は、したがって、存在のそのような等しさ《エガリテ》〔平等〕をも意味する。一義的な《存在》は、遊牧的配分《ノマド》であると同時に、戴冠せるアナーキーであるのだ。（DR:55 邦訳 DR1:113）

その上で、ドゥルーズは、スコトゥスの中でも難解とされる内在的様態、つまり形而上学的強度に関する但し書きをつけているのだろう。強度をめぐる思想を、精神分析の領野をも滑走し、哲学の中に取り込み、自在に哲学する姿は、目を奪う華やかさがある。

あれこれの個体化の差異〔ファクター〕に関係するということは、一義的な存在の本質に属することだが、しかしそれらの差異は、同じ本質をもっているわけではないし、存在の本質を変化させるわけではない——たとえば、白色が、様々な強度（intensités diverses）に関係しながらも、本質的には同じ白色のままであるといったような事態である。（DR:53 邦訳 DR1:109、原語を一部付記）

スコトゥスが内在的様態と連動させて提出するのが、内包的無限の理論である。理論の内部に入ると愛や聖霊やら神学的議論の密林に入り込むことになるが、無限と有限との媒介の問題である。ともかくも、強度ないし内包量が問題となっていることは事実であるし、その点は逸することができない。スコトゥスが、白色における強度のようなもの、本質を変化させることなく基体に変化を与えるもの＝形而上学的強度を武器として用いるのは、存在が無限存在と有限存在に分類される場面においてである。そこにおいて存在の一義性が主張されるのであるから、存在の一義性は強度の概念なしには成立し得ない。

スコトゥスは、一義性概念をノマド化したのだ。ドゥルーズがスコトゥスのもたらした新しい一義性を評価し、それを取り入れたのだ。ドゥルーズは、一義性概念の歴史的変遷に踏み込まないままで、スコトゥスにおける一義性概念の革命的変化を読み取ったのだ。

ドゥルーズによるスコトゥスの理解が、テキストに即したものであったかということは、重要なことではない。問題なのは、彼が、他の場所ではそうしているように、スコトゥスの思想を縦横無尽に、遊牧民として駆けめぐっているかどうかということだ。

私には、ドゥルーズのスコトゥス理解は思ったよりは慎重であるような気がする。ドゥルーズによるスコラ哲学への参入の仕方は、それほど大胆なものではない。トミズム哲学の現代における代表的教科書、ヨセフス・グレットの『アリストテレス－トマス主義的哲学綱要』（一九三七年）の参照などは、慎重さの現れなのだろう。

ドゥルーズが、スコトゥスを理解する場合の道標となったのは、公式の見方をすれば、ジルソンの『ヨハネス・ドゥンス・スコトゥス：基本的見解叙説』（一九五二年）だったのだろう。この書には、ドゥルーズ的スコトゥス理解につながる記述を見出すことができる。この辺に何か鍵がありそうだ。

では、ジルソンのスコトゥス研究書の中で、ドゥルーズが出会ったものは何だったのか。ドゥルーズが、参照要求をする頁の中には、目新しいものはそれほどない。しかし、ジルソンの著書六二九頁には、存在の一義性が、実はことのほか、個体性の原理に射程を向けたものであることに強調が置かれている。〈存在〉の一義性は、〈此性〉(haecceitas) ＝形相の究極的実在性に行き着くものであるし、そのような〈存在〉の一義性しか、ここでは問題ではないようだ。

一義的存在ではなく、この形相の究極的実在性こそが、存在の個体化を完成するものであるし、現実的存在を受容可能なものにするのだ。このもの性は、存在の究極点、至高の形而上学的エネルギーであり、存在をここにあるもの (ut hic) とし、同時に、他のものと混合することを禁じるものである。一義性が結びつけるものを、形相性と〈此性〉は分離するのだ（ジルソン同書、六二九頁）。

ジルソンの著書のこの箇所がどれほどドゥルーズに影響を与えたかは分からないが、ドゥルーズ的な響きが感じられるところだ。ジルソンの一九二七年に発表された重要な論文「アヴィセンナとドゥンス・スコトゥスの出発点」も、ドゥルーズの源泉だったのだろう。そこにはアヴィセンナの〈動物そのもの〉の言葉が登場する。「馬性は馬性でしかない」は、『形而上学』第五巻に登場し、「動物そのもの」は『論理学』第三部に登場する。この言葉が、アヴィセンナにおいてムウタジラ派の存在論を批判する中心的テーゼであり、彼の普遍論の要になることは別のところで当たるしかないが、とても大事なところだ。

ドゥルーズに戻ろう。ドゥルーズが愛好したジョー・ブスケ（一八九七〜一九五〇）の著作『主要著作：スコトゥスからジャン・ポーランへ』（一九五五年）にも、ドゥルーズがスコトゥスを知る機縁に関する手がかりがある。

特に、ブスケの著書は、ブスケ自身が一九〇八年に刊行されたスコトゥスのコレクション『主要著作』を読み、その内容を踏まえながら、そこにライムンドゥス・ルルスを登場させ、ルルスとスコトゥスを重ね合わせた姿を自分自身に引き寄せ、合理主義者デカルトとブスケと敵対する批評家ジャン・ポーランとを重ね合わせる。そのような話が進む散文詩的な形而上学小説である。ブスケはずいぶん深くスコトゥスの思想に踏み込み、平板な存在論としてではなく、内在と超越の同時的な成立を語るものとして一義性を捉えていることは注目に値する。ドゥルーズ自身、『意味の論理学』での註において言及している以上、ブスケのその著書の内容を知っていたはずだ。ジルソンによる公教的な（exotérique）スコトゥス哲学と、ブスケを介した秘教的な（ésotérique ou acroatique）スコトゥス哲学は、両方ドゥルーズに入り込んでいるのだろう。

ドゥルーズは、スコトゥスをもアヴィセンナをも誤読しているのは確かだ。その誤読も追跡されるべき、論証されるべき誤読なのだ。アヴィセンナからスコトゥスへの移りゆきの中に、画期的な変革を認めたのであろうし、だからこそ、スコトゥス、スピノザ、ニーチェという思想の流れに一義性の系譜を見出し、〈動物そのもの〉のなかに中心的モチーフを見つけたのだ。

トマス・アクィナス以前の一義性、スコトゥスの一義性、ドゥルーズの一義性の三つを並べ、その相違を示すことは概念史の整理としては大事なことだが、ここではそういう道を採ることはしない。ドゥルーズとの関連では、一義性と〈此性〉が直接結びつくことが重要なのだ。〈此性〉が卒然と何度も出てきた。謎めいた言葉の意味は、さきほどのジルソンのテキストでは「形相の究極的実在性」として説明されてきた。〈此性〉の内実を解明する鍵となる言葉であり、「形相の究極的実在性」という言葉への説明箇所を見つければ、〈此性〉も分かると思いがちだ。私も長い間そう思って来た。残念ながら、その説明は見つからないし、スコトゥスの〈此性〉を扱った数多くの研究論文、研究書にも、それを解説しているものに出会ったことはない。〈此性〉を解読する上で、最も有力なのが、裸の個体（bare particular）という説明である。裸の個体とは個体化する機能だけは持ちながら、内包を持たない概念だ。つまり、個体が個体として裸のままで無規定的であることだ。たしかに「これ」という代名詞を名詞化したものであり、

「これ」もまた指示するだけで内包を持たないものだから、当然のことである。個体を完成させる画竜点睛の最後の「点」こそ、〈此性〉ではないかという誤りを払拭することはできない。〈私〉が〈私〉であるのは、特定の性質があるからではなく、しかし、かといって一般的なものとしてではなく、そこにある〈此性〉が附加されるのではなく、〈私〉が与えられていながら、それを贈り物として届けて、姿を見せずに帰ってしまう贈り主のようにあるからだ。〈此性〉は、決して個体をして個体たらしめる最後の完成要素、賢者の石のような最後の仕上げではない。そんなものはあるはずがない。中世のスコラ哲学でも、当然そういうことは分かったうえで、個体性の原理としてあるかもしれない原理を語っていた。そのような原理はない、と語ることが十三世紀の後半以降にずいぶんと目立つようになっても、突然の様変わりではない。〈此性〉が、ドゥルーズにおいて、夕方に吹く風のように語られるのは、問題をはぐらかしているのではなく、案外正統なやり方なのだ。個体性や〈此性〉については、ドゥルーズ哲学の中心にある事柄であり、また第六章で扱うことにする。

一義性と〈此性〉の関係について、ドゥルーズは正しく捉えている。正しい方向を向いていれば正しい誤解と言ってよいだろう。ドゥルーズが存在の一義性を正しく誤解していることを先に指摘しておいた。ドゥルーズがスコトゥスの一義性に関心を寄せたきっかけには、裏道を好む考え方をすれば、ジョー・ブスケの『主要著作』(*Les Capitales*, 1955) を読んだことがあったはずだ。この本の書名は意味が分かりにくい。ドゥンス・スコトゥスの著作『主要著作』(*Capitalia*, 1908)

を踏まえている以上、関連はありそうだが、意味合いは分かりにくい。ブスケのこの書のサブタイトルには、「スコトゥスからジャン・ポーランへ」とあり、スコトゥスの一義性から話が始められている。ブスケは第一次大戦で半身不随となり、カルカソンヌに隠棲していたが、シモーヌ・ヴェィユを始め、様々な思想家がそこを訪れた。ジャン・ポーラン（一八八四～一九六八）は、評論家として活躍していたが、ブスケを見出し世に送り出した。ブスケはその言語論に大きな影響を受けたのである。

ここでブスケのスコトゥス理解に立ち入る余裕はないが、スコトゥスのイメージについて、一九世紀イギリスの詩人ジェラード・マンリー・ホプキンズ（一八四四～一八八九）に触れておくことは意味があると思う。スコトゥスは「精妙博士」と呼ばれ、煩瑣にして難解きわまりない神学者というイメージが、ルネサンスの人文学者以来広がっているが、必ずしもそれだけに限られるのではない。少なくとも、西欧の多くの人は、スコトゥスの〈此性〉にフランチェスコの心に近いものを感じ取っていたのだ。

確かに、スコトゥスのテキストを読んでも、〈此性〉ということに個別性への賛美を読み取ることは簡単ではない。ドゥルーズが〈此性〉に出会ったのは、シモンドンを通してだ。シモンドンがスコトゥスを読んでいたかが問題なのではなく、スコトゥスの個体論とシモンドンの個体論の重なりを見出したところにドゥルーズ流の炯眼がある。「最も深いもの、それは皮膚である」ということを生物学的に証明したのが、シモンドンだったのだ。

非人称的で前個体的な特異性として〈此性〉を提示したのだ。その場合、〈此性〉は特定の瞬間にある一時的なものではなく、持続するものだ。超越論的なものの新しい構想がそこにあり、つまり、前個体的なもろもろの特異性を収蔵する貯水池として、動物的な次元を設定する道が現れてくる。そして、個体化は、二つの異質な、強度において異なる二つの層の間で、齟齬が現れ、齟齬するものたちを連絡する場面で現象し、現象し続けるものなのだ。前個体的なものは理念的潜在的なものになる。〈此性〉が〈出来事〉であることが一番の論点になると思われる。

ここでは、〈此性〉、一義性、内在性、リトルネロ（ritournelle）、〈出来事〉が一つのセリーをなしている。そしてそこにアヴィセンナの〈馬性〉も見事に絡んできて、見事な模様を形成するのだ。

そういった諸概念が絶妙な旋律を作り上げる。一義性とリトルネロの関係については、『差異と反復』の一節がすばらしい。あまりにもすばらしい。

> 《《存在》は一義的《ユニヴォック》である》という存在論的命題しかなかったのである（中略）。パルメニデスからハイデガーに至るまで、まさに同じ声が、それだけで一義的なもの〔存在〕の全展開を形成するようなひとつのエコーのなかで繰り返されるのである。唯一の声《ヴワ》が、存在のどよめきをつくりあげているというわけだ。《存在》は、絶対的に共通なものであるからといって、ひとつの類であるわけではないということ、これを理解するのに何も苦労することはない。（DR:51 邦訳 DR1:106）

〈存在〉という一つの声のリトルネロが西欧の全哲学を構成してきたというわけだ。一つの声だけが鳴り響いていながら、無数の多くの哲学者が無限に別々の哲学を語っているのだ。

暗闇に幼な児がひとり。恐くても、小声で歌をうたえば安心だ。子供は歌に導かれて歩き、立ちどまる。道に迷っても、なんとか自分で隠れ家を見つけ、おぼつかない歌をたよりにして、どうにか先に進んでいく。歌とは、いわば静かで安定した中心の前ぶれであり、カオスのただなかに安定感や静けさをもたらすものだ。（MP:381 邦訳 MP2:317）

夕暮れの哲学の迷い道、〈存在〉という一語だけを念仏のように唱え続けること、哲学とはそういうことなのだ。〈存在〉という一つの声だけが西欧哲学では鳴り響いていたのだ。私達も〈存在〉をつぶやき続けるべきだ。もちろん、〈存在〉に代わるオプションとして正義や希望や愛や無や怒りに置き換えてもよい。西欧の哲学史とは、〈存在〉のリトルネロだというのだ。ここでドゥルーズの主張に拍手すべきだ。

「リトルネロとは、表現的になったために領土化されたリズムとメロディーのことであり、リズムとメロディーが表現的になるのは、領土化をおこなうからである」（MP:389 邦訳 MP2:330）、「領土は必ず強度の中心につながっている。そしてまだ見ぬ祖国にも似た強度の中心は、友好的な、あるいは敵対的なすべての力を産む大地の源泉となり、そこですべてが決定される」（MP:395 邦訳 MP2:340-341）、「領土性はどこにあらわれる場合でも、同一種の成員のあいだに同種内での臨界的距離を成立させる」(MP:396 邦訳 MP2:342)。

ヒバリが天高く唄う「さえずり」と、そして地上で鳴く「さえずり」、それらがいずれも同じ声の反復でありながら、無限の個性を形成していること、その解明にドゥルーズ流の個体論の真骨頂がある。一義性を分解して「一つの声」に解剖するときに、スコトゥスの声はドゥルーズの声に成り代わり、一義性は〈此性〉を表す論理となる。一義性は個体性の原理ともなってしまうのだ。存在の一義性と唱え続けるべき理路を整然と表している。これほど美しい誤読はない。

第三章

前哨としての内在性

内在性というのは、分かりやすい概念に見える。そして、超越ということも馴染みのある概念であるし、哲学は内在よりも超越への志向性を培ってきたように見える。ところが、この哲学の分かりやすい光景が、ドゥルーズが内在性という語を用い始めると混沌とした光景に変わる。存在の一義性だけで西洋哲学の全歴史を語ろうとしたのと同様に、哲学史全体を内在平面の創設という観点から提示する目論見をドゥルーズはもっていたようだ。その試みは、『哲学とは何か』において示されている。おそらく、存在の一義性と思想の構図は似ている。

いずれにしても、ドゥルーズにおいて「内在性」や「内在平面」というのは重要な概念だ。いうまでもなく、スピノザの内在的原因を踏まえている。スピノザの内在的原因（causa immanens）は、彼の語る超越的原因（causa transiens）と同じように誤解されやすい。スピノザにおいて、善と悪が〈理虚的存在〉であるという終着点に至るための目的論批判、情念論、有限様態論、神人同型説批判などと並んで、中心的枠組みを形成している。

I　内在性の哲学

スピノザにおいて、内在性ということの重要な論点となるのは、内在性とは無限と有限の間の落差が現れ、その落差を存在論的なポテンシャルが流れ落ちる速度であるということだ。

スピノザの哲学が内在性の哲学のモデルの一つであることは確かだ。さらにそこに、海や砂漠や波のイメージが重なってくる。

ドゥルーズの内在平面を考える前に、スピノザにおける超越的原因と内在的原因について少し見ておくことは意味があるだろう。内在的原因は結果を自らのうちに産出する原因だ。そして、超越的原因とは、「超越」という要素はあまりなくて、結果を外部に産出する原因であり、移行していく原因だ。だから「移行的原因」などと訳した方がよい。

いずれにせよ、内在的という言葉は十七世紀のバロックスコラにおいて、それほど一般的ではない。これに焦点を当てたのはスピノザにほかならない。アドリアヌス・ヘーレブール（一六一四〜一六六一）の『哲学的探求（Meletemata philosophica）』はスピノザも愛読していた当時のスコラ哲学の教科書である。スピノザの『エチカ』はヘーレブールの定義を表面的にはそのまま取り入れている。面白いのは、定義をそのまま取り入れて、伝統的なスコラ哲学に忠実であったかというと、まったく逆であったことだ。スピノザはスコラ哲学に言葉の上では従いながら、内容において全く逆を語る。表面的にはまったく従順でありながら、最高の闘士なのだ。滾《たぎ》る熱い情熱と表面の静かな佇まい、そのアンバランスこそスピノザの魅力なのだ。その内部と外部の齟齬こそ、ポテンシャルを生み出し、内在平面を形成していると言えるのだ。

先走りしてしまった。ここはスピノザへのラブレターを書く場所ではない。ドゥルーズへのオマージュを書いている。しかし、ドゥルーズ自身がスピノザマニアである以上、スピノザにも心が傾いてしまうのだ。

ともかくも、内在的原因ということは、ヘーレブールの著作に用例があり、内在的原因が超越的原因と対比的に用いられている。ただ、内在的原因というのは、十七世紀においてもそれほど使用された概念ではない。というのも結果を自らのうちに生み出せる原因は知性ぐらいであって、その使い道が限られているからだ。知性は知性の作用、たとえば、知解作用や判断やそういった知性作用を通じて、結果を自らの中に生み出す。そこに原因性を見出すことは、論述の発展性がないのだ。軽い言及で済まされるのが普通である、これはヘーレブールの著作においてもそうだ。しかし、スピノザはそこにポテンシャルを込める。スピノザ的強度空間が現れる。というのも、知性が生み出す結果に、属性、無限様態、有限様態を加えられれば、豊かな世界が得られるからだ。スピノザは、内在的原因を使用することで、世界の創造を語ったのだ。伝統的に、キリスト教神学では、神は超越的原因である。結果を外部に生み出しているとされるからだ。神の知性に限定すれば、神が可能世界において、世界創造の様々な可能性を考えている限りでは、内在的原因だが、世界を創造してしまったとき、知性の内部の出来事では済まないから、超越的原因となる。つまり、神が超越的原因として世界に関わることが創造なのである。神の創造を頭から否定して、内在的原因としての神を語るのは、スピノザ流の快挙だ。そして、知性の生み出すものに、〈理虚的存在〉が加われば、世界は十二分に豊かであり、豊穣なる世界が与えられるのだ。

ドゥルーズはバロックスコラ哲学のつまらない教科書群を読んではいない。読まなくても彼らの図式を吸収している。遠隔浸透という事態があるようだ。

ドゥルーズはヘーレブールを読んでいるわけではないので、ここでは深入りする必要はないのだが、ヘーレブールには案外面白いことが書いてある。「内在的原因」と「流出的原因・流出因」は混同されると書いてある。流出因と内在的原因は、結果を受容することと結果を産出することが同一物において成り立つことは共通だが、流出因は現実存在から切り離された原因性を持つが、内在的原因はそうではないとされている。流出因では結果がおのずと生じてくるが、内在的原因ではそうではない。知性が概念を生み出すことが内在的原因の典型例である。

超越的原因とは、結果が外部に産出されるものであり、外部・他者へと移行していく原因である。多くの原因作用はこちらの超越的原因である。内在的原因は、神と被造物（無限実体と有限様態）、知性と概念などに見られるもので、通常の理解ではどこにでもあるものではない。しかし、スピノザの体系においては、神という無限実体があらゆる結果を自分の内に産出する以上、普遍的な内在作用の世界となる。そこには属性と様態、無限と有限といった隔絶した落差がいたるところに見られる、屹立する断崖と奈落の峡谷だらけの谷といった観を呈する。内在平面とは、平坦な平面ではなく、無限と有限の落差を取り込み、至るところに高度差を踏まえたポテンシャルが分散している領域であるように私には思われる。強調しておいてもいいだろうが、内在平面とは平らな平面ではない。亀裂と断崖だらけのフィールドなのだ。落差とポテンシャルのない空間など、無用である。

同じことは存在論においても言える。有限様態とは無限実体から最も離れた存在性の薄い状態ではない。無限実体から最も離れていることは、無限実体への憧れが最も強く顕現する場所であるのだ。

内在はそれ自身〈に〉〔内在して〕あるのでしかないということ、したがって、内在は、無限なものの運動によって走り抜けられる平面、もろもろの強度的＝内包的縦座標によって満たされた平面であるということ、これを完全に知っていた者はだれあろう、その人こそスピノザであった。それゆえ、彼は哲学者たちの王である。（QPh:49 邦訳 QPh:87）

内在性とは、常に外部を取り込むことにおいて存在しているから、外部性を消尽することを本質としている。いや、外部性は存在していない。外部性がないことこそ、内在性の本質をなすのだ。

内在性とは、何かに内在することではない。内在性とは、外部と内部の境界を設定しようとする発想、つまり外部性の徹底的排除を本質とする。存在と非存在、可能と不可能との双方を包括する平面だ。それこそ、〈理虚的存在〉として中世以来知られていたものだ。いかなる外部もないことが、内在性ということのあり方だ。内と外、内在と超越という、境界を設定して、空間的に二つの敵対対立するものが対峙する図式で考えることが断固として否定されている。

近藤和敬は内在を執拗に追いかける。彼が正確に述べているように、「絶対的内在はそれ自体のうちにある」（近藤和敬『ドゥルーズとガタリの『哲学とは何か』を精読する：〈内在〉の哲学試論』、講談社選書メチエ、二〇二〇年）。内在性とは無限の産出力を説明するもののように私には思える。内在性が反復的に論述されることとは、内在性という概念の自己展開にとって必然的なのである。

スピノザは卒然と「自己原因（causa sui）」から『エチカ』を書き始める。これを受け入れてしまったらそれだけでスピノザの詐術にはまってしまう。一行目から始まるスピノザの催眠術は素晴らしい。哲学者誑《たら》しだ。そして公理の最初で「すべて在るものはそれ自身のうちに在るか、それとも他のもののうちに在るかである」と書く。すでに見事に換骨奪胎されている。「それ自身のうちに在る」（in se）ということで、初めから内在性を取り入れてしまっている。

「内に」（in）ということが、捉えにくい。空間的意味合いは一部分でしかない。スコラ哲学では少なくとも in に十一の意味が見出されている。そして、自らのうちに（in se）となると、捉えどころのない難しい事態になっている、スピノザにおいては、そういう表象不可能な事柄が初めからこともなげに提出されている。もちろん、スピノザは表象で考えることを戒めているから、分からなければ読むな、という態度は潔いと思う。

内在ということは、それ自体はラテン語では in se である。アヴィセンナの格率においては、「動物それ自体は単なる動物にすぎない（animal in se est animal tantum）」という場合にも、in se が登場していた。この「動物そのもの」という言葉を繰り返し使用することで、ドゥルーズはアヴィセンナを召喚し続ける。私にはドゥルーズの著作はアヴィセンナの降霊術のように見える。

いや問題は内在ということだ。内在平面と似たような概念に平面態（planomène）がある。平面態は揺動面とも訳される。異質のものが接触していることによる流動的状態ということだ。だから、「共立平面 consistance」と連動することは分かりやすい。

「揺動面（プラノメヌ）」という語が『哲学とは何か』に登場する。プラナオーというギリシア語から造られた言葉のようだ。意味は「迷う、漂う、彷徨《さまよ》う、逸れる」ということだ。惑星のことをプラネットというが、プラナオーから派生したもので、ラテン語ではstella erransといい、文字通り「惑い、迷い、彷徨する星」ということだ。ルクレティウスの偏奇（クリナーメン）という場合と同じだろう。既存の秩序や構造に疑問を突き付けながら、それらに回収されない創造的なものが成立する場面を指している。心の揺動・彷徨（プラノス）は「狂気」を意味した。いかにもドゥルーズらしさが現れた造語だと思う。

内在平面は概念ではなく、すべての概念を包括する概念でもない。概念は上昇したり下降したりする波であって、内在平面は一つの波なのだ。大洋のイメージなのだろう。

砂漠のような内在平面、運動としてあるものが地平そのものであって、それこそ絶対的地平であり、いわば砂漠の中の人や事物が動くのではなく、砂漠そのものが動くのだ。揺動面（プラノメヌ）は、したがって砂漠そのものが彷徨うイメージ、彷徨える砂漠のイメージで考えればよいだろう。

内在平面は海の比喩で考えれば、無限運動の生じる場所であり、だからこそ、無限運動が「行くと帰る（往還）」のことだと語られる。往還とはここでは波のことだ。

内在平面は、諸概念を巻き込んだり繰り広げたりする唯一《ユニーク》の波である。そうした平面は、その平面を走り抜けては戻ってくる無限運動を包み込んでおり、他方、諸概念は、そのつどそ

の諸概念自身のもろもろの合成要素のみを走り抜ける有限運動の無限速度である。（QPh:38 邦訳 QPh:66）

こういった内在平面は、何も生み出さない空虚な海ではない。哲学とは、このような内在平面たる海のことなのだ。

哲学は、概念創造であると同時に平面の創建である。概念は哲学の開始であり、平面は哲学の創建である。（QPh:43f 邦訳 Qph:75）

この内在平面は、前－哲学的なものとも語られる。前意識、前人称、前論理といったものにおいて、「前」を取り去り、先に進むことが近代的啓蒙主義の理念だったとすれば、明らかにここでは逆向きの方向が出されている。

前－哲学的なものは、何か前もって存在するようなものを意味するのではまったくなく、たとえ哲学によって前提されるにしても、何か哲学の外部に存在するのではないものを意味するのである。それは、哲学の内的な諸条件なのである。非－哲学的なものは、おそらく、哲学そのものよりも哲学の核心にある。（QPh:43 邦訳 QPh:75）

前‐哲学的なもの、非‐哲学的なものへの希求を分かち持つことができるのかどうか、ここにドゥルーズに近づきたいと思うかどうかの分かれ目がある。ここでの内在平面は無限と有限が両立して存立している平面のことだ。無限は有限性が宿る平面を飛び出しては行かない。見渡すばかり広がる草原に無数に立ち並ぶ、天からの光の柱達を思い浮かべればよい。無限の光の柱は、暗黒の泥と隣接して存在する。

「内在」という言葉は「超越」という言葉と同じ程度に哲学的思考を惑わせる。超越概念が、カテゴリーを超えてあたること、したがって分類されず、すべてのものに妥当することで、普遍的共通概念の意味であったのに、人々は超越性を見出そうとしてきた。この超越概念に関するつまずきは、日本ばかりでなく、西欧においてもしばしば生じてきた。同じことは、「内在」についても言える。ギリシア語のヒュパルケインが、ラテン語で inesse と訳されたとき、in（内）で語られていたのは、空間的な内部ではなく、述語づけられる事態を指していたのだが、しばしば空間的内部性へと読み違えられてきた。

ドゥルーズは哲学史における誤読に寛容であり、ドゥルーズ自身が意図的に正しく「誤読」しようとしている。哲学史が過去の哲学をゾンビのごとく今に復活させようとするのであれば、テキスト内在的に、身も心も過去の時代に遡り、その時代において思考すればよい。もちろんのこと、それもできないまま、時の彷徨い人になってしまうこともよくある。

しつこく繰り返すことになるが、内在ということは、「何かあるものへの内在」ということではない。同じように、超越ということも上部に向かうイメージでとらえてはならない。特に、内在ということではポテンシャルや強度や落差が重要なイメージなのだ。日本語で「内在」が内側に入り、安定した穏やかな状態を暗示するとしたら、逆向きに進んでしまうことになる。

2 内在性と海

「内在性の浜辺」（一九八五年）という断片において（『狂人の二つの体制』所収）、ドゥルーズは一義性の思想史的系譜を整理している。階層的で段階的な宇宙観を提示してきたプラトン主義の伝統、新プラトン主義の伝統を多義的類比的なものとして捉え、それに対抗するものとして存在の一義性の系譜を提示する。「同等性の浜辺、一義性の浜辺、無始原の浜辺」とも記している。〈此性〉とは出来事なのだ。岸壁とユリ、動物と人間を相並べるところを見ると、ドゥルーズの頭の中にはフランチェスコも含まれているようだ。西欧における良寛さんのようなイメージの人で、自然賛美となると西洋の人は誰もが頭に浮かべる人物だから、ドゥルーズが思い出しているとしても、それを語るはずもない。誰もが思い浮かべることを誰もわざわざ書いたりしない。

内在性の哲学の代表者としてスピノザがいる。ドゥルーズはいつもそれを念頭に置いている。スピノザの哲学は、神を内在的原因として捉え、それを踏まえた哲学を作り上げたし、ドゥルーズもまた内在性の哲学の典型例として考えている。内在性ということはどのようにイメージすべきなのか。現在流行している日本のアニメにおいて「セカイ系」というものがある。セカイ系に見出される宇宙的な感覚はスピノザ哲学と通底するところがあるように思われる。セカイ系と内在性とを結びつけて考えることは暴挙なのかどうか。私には通路があるように思えてならない。セカイ系を哲学史と結び付ける必要はない。にもかかわらず、時代の表象様式が「セカイ系」を一つの様式として選んだとすれば、そこには時代を読み取るカギが潜んでいるとも思えるのだ。

スピノザの内在性とはどのようなものなのか。スピノザが「神即自然」と言うとき、表面の概念を見る限り、超越者としての神は消えてしまっている。そして、その上で「内在的原因」を語る。しかしながら、スピノザの述べる「内在」とは、内部にあるというような平明な事態を指しているのではない。スコラ哲学のありふれた言葉を使って途方もないことを語る。彼の言う「内在」とは、無限と有限が直接的に隣接する、混在の極致、過飽和の溶液のように緊張と爆発的変化を潜在的に含む強度の存在のことだ。内在とは「内部」と重なるのではなく、内も外もない、途方もない状態だ。激烈な存在の風が無時間性の中に置かれ、停止状態にありながら、強度を保っている状態、つまり静かで荒々しい状態なのだ。

スピノザは、凡庸なバロックスコラ哲学の用語を忠実に使いこなし、しかも幾何学的秩序にそって、合理的な仕方で静かに語っているように見える。しかし、スピノザは自己韜晦の天才であり、自分の内の理解され得ないと絶望した禍々しく奇怪な思想を、分かってもらえないという絶望の中で、平明なスタイルで記したのだと私は思う。スピノザの思想は、徹頭徹尾奇妙な思想である。眩暈を引き起こす飛躍だらけだ。スピノザはあまりにも禍々しく、戦慄を引き起こす。

内在性ということが存在論においてどのように位置づけられるのか、私なりに考えてみる。内在性と外在性とを対比的に考えてしまうと、ドゥルーズが逃れようとしていた二元論的対立図式に陥落してしまうのだ。超越概念と内在性とは対立するものではない。勘違いしないためにもこの点は重要だと思う。ドゥルーズは、この超越概念にそれほど言及はしていないが、『意味の論理学』の中心に連動する論点の集積であると思う。

存在論の歴史の中のガラクタ箱の中にグノストロギアという思想群がある。グノストロギアは「認識論」の意味であり、それと不可分に隣接する学問としてあったヌーロギアは「知性論」と訳すことのできる学問である。これら両者は、十七世紀のドイツに隆盛したが、十八世紀に入る頃には流行は終わり、しかしその影響は東漸し、カントが生きた都市ケーニヒスベルクにも伝播していく。パウル・ラーベ（一六五六～一七一三）は一七〇三年にケーニヒスベルク大学の形而上学講義の科目でグノストロギアを講じている。この伝統がケーニヒスベルクに残存し、カントにも連なっていくのである。

そんな話はドゥルーズの哲学と何の関係があるのかと思う人も多いだろう。ドゥルーズも知らなかった思想群なのだから。

しかし、ドゥルーズを反プラトニスムから始めて、ストア派、ルクレティウス、アヴィセンナ、ドゥンス・スコトゥス、スピノザ、ライプニッツ、ヒューム、カントという思想潮流の中に位置づけようとすると、十七世紀における或るミッシング・リンクとしてグノストロギアに言及しておくことは、不可欠とは言わないとしても重要だと思う。

十三世紀には、認識論的転回があり、そこで〈理虚的存在〉が哲学の舞台にデビューした。その流れはマイノングやブレンターノにも及んでいる。〈理虚的存在〉とは、実在的存在論に対立するものである、その意味では反存在論というよりも、対抗存在論（contra-ontologia）というべきものだ。〈理虚的存在〉については、すぐ後で論じる。

十三世紀に認識論的転回があったと主張するのが、ランベルトゥス・マリエ・デ・レイク（中世哲学史家、一九二四〜二〇一二）である。彼はゲラルドゥス・オドニス（一二八五〜一三四九）の『志向性について』という本について校訂版を出し、その書の長い序論で、志向性の歴史と〈理虚的存在〉の絡まりあいを論じている。

様々な思想史の錯綜が描かれるが、これまでの中世哲学史ではあまり触れられてこなかったことが描かれる。一番の驚きは、中世哲学の話題の中心は必ずしも存在論ではなかったということだ。十三世紀にアヴィセンナやアヴェロエスに代表されるイスラーム哲学がヨーロッパに導入されることによって、劇的な変化が起こった。否定することのできない大きな影響をできるだけ少なく見積もることがこれまでの一般的な傾向だった。

アヴィセンナがもたらした変化を、デ・レイクは認識論的転回（epistemological turn）と呼ぶ。パラダイムチェンジがあったという。簡単に言えば、事物は心の外（extra animam）と心の内（in anima）という二つの存在様態を持つが、考察様態としては、心の外、心の内、外でも内でもない、それ自体で（in se）中立的に捉える様態という三つがあるという。

考察様態は認識論への道を開いた。つまり、その当時、光学の知識が入り、錯覚や相対運動や残像現象が事物そのもののあり方を示すのではないが、しかし誤謬でもなく、独自のリアルな現象であることが強調されるようになった。これはアリストテレスには含まれなかったもので、実体主義や本質主義では説明できないものとして盛んに取り上げられるようになった。

先程、〈理虚的存在〉ということに触れた。存在論の歴史を考える上できわめて重要でありながら、素性も正体もつかみにくい概念である。私はこの概念が決定的に重要であり、パラダイム・シフトを引き起こしたと思う。この概念は、一二五〇年頃登場し、当時のパリ大学ではそれ以降通用していたことは分かっている。トマス・アクィナスが一二六〇年頃には使い始めている。そして、アヴィセンナによる存在論の変革の影響下に生じたことも分かるのだが、語源的にも確実な意味内容もなかなか捉えにくい。理性が構成したのではなく、知性が構成したもので、虚構として捉えたくもなるが、そうではなくて実在的なものにもなるという内実が、近世以降継承されることなく、分かりにくいものとなってしまった。この〈理虚的存在〉はスピノザ哲学の特徴を知るうえでも重要であるので、少しこだわる。

〈理虚的存在〉とは、次のような分類において登場する。つまり、事物を分類する場合に、精神の外部にあるものを実在的としても、それ以外のものがすべて虚構になるわけではなく、実在／虚構という対立項に加えて、別の第三項が現れる。命題の真偽というように、事物としては見出されずその意味では実在的ではないが、根拠のある事態に対して、それらをやはり存在者(ens)として考えようとして、ens rationis(理性の有などと訳されてきたが、問題がある)という概念が登場してきた。スピノザ研究者の佐藤一郎は「理屈上の存在」という訳語を提案した。ここでは虚構性を加味するために私としては〈理虚的存在〉という訳語を採用したい。〈理虚的存在〉とは、命題の真偽を示すものであり、おそらくそれが成立する場所として心が考えられたために、心の内（in anima）にある存在様態を指すことになった。しかし、この〈理虚的存在〉は ens rationis であり、当初から「理性における存在（ens in ratione）」などとも言われていた。しかし、この ratio が理性の意味であるかは疑わしかったのである。中世では ratio はそもそも理性というよりは、推理を構成する能力、推論の能力であり、「理性における存在」という場合に、具体的には、否定と欠如がそこに含められた。

いろいろな錯綜が見られるが、要点となるのは、〈理虚的存在〉とは、事物の中に見出そうとすると虚構であり見出されないが、心的な構成作用として捉えれば、実在的なものなのである。したがって、存在論の中で論じられるべきものではなく、論理学の中で扱われるべきものなのだが、扱われるべき場所がずれてしまい混乱を引き起こしてきた。しかし、この問題は、ニーチェにおける悪循環の契機としてのファンタスムやシミュラクルに通じる論点があり、疎かにはできない。

哲学史のなかの見捨てられた窪地に咲く花が十七世紀のグノストロギア（認識論）とヌーロギア（知性論）である。これら二つの学問を私自身は気に入っているが、ドイツでも研究者は見当たらず無視されていて、現在この方面の有力な研究者はイタリアのマルコ・ズガルビ（一九八二〜）ぐらいである。

〈理虚的存在〉は存在者を越える概念であり、後にマイノングが超存在と呼んだものにつながるものだ。だがどうしても人々は存在者に実在性の起源を見出そうとして、存在論の周辺部分に〈理虚的存在〉を配置しようとした。真と偽、内と外という二項対立を超える場面の問題なのだ。

そういった苦闘として、十七世紀の忘却された思想潮流であるグノストロギアというものがある。グノストロギアはカントの認識論に連なる重要な学派なのだが、比較的短期間で途絶えたためなのか、目立たぬまま消え去っていった。しかしながら、十八世紀のドイツ東部、カントの生きていたケーニヒスベルクではローカルながらたくさんの解説書が著される流行の観を呈していたのだ。十三世紀の認識論的転回は、辺境において開花していたのである。

グノストロギアの旗手と言えるのは、アブラハム・カロフ（一六一二〜一六八六）である。彼はグノストロギア（認識論）とヌーロギア（知性論）を次のように定義する。

「グノストロギアとは、認識可能なものそれ自身を考察する精神の主要なるハビトゥスである」、「ヌーロギアは、第一の認識原理から生じる限りで、事物の類縁性を考察する主要なる精神のハビトゥスである」。

細かいところには入り込まず、重要な点を指摘しておくと、類縁性という認識を可能にする条件が、事物の中の性質として措定されているのだ。貨幣の価値を貨幣の性質成分に見出そうとするのと同じ、物象化が生じているともいえるが、それもまた認識論的転回の子孫なのである。

類縁性（affinitas）は精妙さ（subtilitas）とも言われる。当時、認識は似たものは似たものに伝わるという発想があった。フーコーが『言葉と物』で指摘したルネサンス的な思考様式だ。認識がどのようにして成立するかを問うているのだが、そこに初めから類似性を前提しているのである。事物が認識される可能性を備えていると考え、そもそもなぜ事物は認識されるのか、その性質を類縁性と考えている。その類縁性を事物の中にではなく、知性の中に設定すれば、カントのコペルニクス的転回が現れる。

ここで認識可能なものとは、経験によって知られ得る対象一般である。可知的なもの（intelligibile）とは、存在するものすべて（omne quod est）であり、〈或るもの〉（aliquid）と〈無〉（nihil）の両方を包含している。可知的なものとは、知性によって構成可能なものを指し、矛盾を含まなければ何でも可知的なものとなりうる。「黄金の山」も「フェニックス」も可知的なものである。認識可能なものは、表象の根拠を有している。対象（obiectum）は、リアルな（現代において普通に用いる意味で）概念であり、ここでのリアルは狭いものとなっている。可知的なものとはノエマなのである。

ここで確認したいのは、〈理虚的存在〉という概念がカントにおいて、理性概念＝〈理念〉として取り込まれた可能性が高いということだ。カントの考えている理念（Idee）、理性概念（Vernunftbegriff）の起源を考えるべきだ。思ったより屈折していて、遡及困難な急勾配がいくつもある。

〈理念〉は、カントにおいてかなりバイアスを受けて使用されているが、ドゥルーズもまた、その変形した〈理念〉概念を使用する。〈理念〉はまったく現実性を持っておらず、純粋な潜在性であるという。これはカント的だ。

なぜ〈理念〉ということが、ドゥルーズと関連してくるのだろうか。要点は、超越はそれが成立しているとしたら、対象の彼岸、対象の後ろ側にあるのではなく、対象と主観との中間にあるということだ。物自体は対象の彼岸にあるのではなく、対象の手前にあって、対象の認識を可能にするものとしてあるから、認識されない。認識を可能にする条件は認識されない。それこそ、超越が内在平面において、成立するということの意味なのだ。

超越論的な場とは、同一性を持ち措定的で顕在的な意識が初めから成立しているのではなく、顕在的なものたちが立ち現れてくる杳冥《ようめい》な領域のことだ。内在性は超越的な特権性の存在を否定するのだ。

内在性は、アナーキー（無始原、無主権、無政府、無秩序）ということと結びついている。脱領土化、ノマド（遊牧民）、無始原、戴冠せるアナーキーという諸契機が『差異と反復』において配列されているのは、内在性の一つの描き方になるからだ。内在性が海で表象されるのは、海には頂がなく、標高の一番高いところはなく、始原はないからだ。海は無始原（アナーキー）なのだ。

生成の順序で考えれば、非人称性、前個体性、無意識、〈動物そのもの〉が先立つということだ。主体も自己も意識も哲学もない状態が最初にある。一番最初に『意味の論理学』におけるように「純粋な出来事」を配置してもよい。

内在ということで、一番重要なのは、無限性と有限性が境界付けられ、区分されることなく、相並んで共在していることだ。無限性と有限性を切り離し、疎隔し、両者の間の隔絶を媒介する原理が求められてきた。ドゥルーズは、その隔絶を設定する原理としてアナロギアを捉える。無限と有限との間に境界を設定すれば、両者の間に落差が生じ、アルケー（始原、君主、主権）が成立する道筋が現れてくる。

超越は常に目の前にあり、そしてそれゆえに自分の身を隠す。「内在――一つの生……」という断片は、一九九五年十一月四日に自殺する前、九月に刊行したテキストだ。彼の一番最後の思索の姿を伝えてくれる。

超越論的場は、意識ではなく、ひとつの純粋な内在平面によって定義されるだろう。絶対的内在はそれじたいにおいてある。なにかの中や、なにかに属してあるのではないし、客体に依存することも主体に帰属することもない。（DRF:360 邦訳 DC1:159）

超越論的な場は、実在性の内にあるのではなく、その手前にあり、したがって実在的ではないが、実在性を準備するという意味では、超実在的なあり方をしている。この手前にあり、存在を準備する次元ということが、中世では超越概念や〈理虚的存在〉として論じられていたのである。〈理虚的存在〉も、内在性の浜辺に打ち寄せる一つの波である。

第四章

ドゥルーズと狂気

ドゥルーズの著作は、いわゆる精神病もしくは狂気への言及で満ち溢れている。一九六七年の『ザッヘル＝マゾッホ紹介』に始まって、『差異と反復』『意味の論理学』『アンチ・オイディプス』『千のプラトー』など、いずれにおいても統合失調症が論じられ、そして精神分析との深い結びつきなどが記されている。ドゥルーズは狂気に踏み込んではいないとしても、狂気と接する領域で思索を行っているのは確かだ。フランスの現代思想では、フーコー、ラカンなど精神病を主題化した人々が目立つ。

そして、ドゥルーズと狂気とを関連させた書物も多い。たとえば、小泉義之『ドゥルーズと狂気』（河出書房新社、二〇一四年）、松本卓也『創造と狂気の歴史：プラトンからドゥルーズまで』（講談社選書メチエ、二〇一九年）と目立っている。

確かに、『アンチ・オイディプス』や『千のプラトー』で描かれているものが、スキゾフレニー（統合失調症）の気配を演出している。しかしそうはあっても、それは理解できる世界だ。クロソウスキーやアルトーを読むと、彼らの異質性は際立つ。その狂気と変態ぶりに比して、ドゥルーズはこちら側の人だ。

凡庸さを嫌って、凡庸でないことと狂気を直接的に結びつけて考える者の落ち込む落とし穴なのだろう。私は哲学を呪っているのではない。深い穴の底から世界を見ることも一つの世界の見方であり、高いところから哲人として語ることへの根源的違和感を持つ者には、ドゥルーズの語り方はやはり快いのだ。

文学部の哲学科に入ってくる人間には、人間嫌いか、統合失調症気質の人間が多いのかと思ってきたのだが、多少偏屈でも案外普通の人々の集まりだった。私は自分の仲間がもっといるかと思って哲学を目指したのだが、そういう人間は多くはなかった。ドゥルーズが、スキゾフレニーという言葉を積極的な意味を持った概念として用い、浅田彰が「スキゾキッズ」という言葉を流行らせたりしていて、精神病や狂気がどのように捉えられているのか、戸惑ったのも事実である。

1 ドゥルーズと狂気

ドゥルーズの概念の連想関係は特異であり、病的な飛躍にも充ちているようにも見える。しかし、彼の連想関係は病的でも、統合失調症的でもないように思う。それは悪いことではない。哲学科に「究極の真理を見つけ、それを証明しました」という論考がしばしば送られてくる。他の哲学科にも数多く送られてきているのだろうか。

病的な連想関係は、若いころに発症しやすい統合失調症の連想関係と親和性があるときも多いようだ。彼らの連想関係が病的でも理解できるようにも思われる。山や空が部屋の中に入り込んできたり、窓が笑ったりすることは、意味を支える枠組みが支障をきたせば簡単に起こりうる。意味が成立する可能性の条件は脆いものなのだ。しかし、意味をなさないまま、意味以外のものを追い求めようとする言語もどきが、渾沌たる欲望の塊から発しているのを感じとれるとき、

「意味」とは何かと感じてしまう。ドゥルーズが意味に求めていたのもそれに近いのではないか。理解可能な正常や理性の領域は、排他的で暴力的なことが多い。

危うい意味の可能性の条件に心を向けた形而上学こそ、私には中世のスコラ哲学だと思った。哲学とは、統合失調症の患者と似ている、という記述を読んだことがある。現実に存在している意味を宙ぶらりんにして、意味の可能性の条件に踏み込むことは、意味のない、常人に理解できない世界に入り込むことでもあるのだ。

ドゥルーズがいかに狂気めいて書いているとしても、狂気の人ではない。普通の思考ではないとしても、制御された思考であり、狂気とは無縁だ。病的な観念間の連想など見られないし、異常ではない。ルイス・キャロルのような徹底した天使的人間の世界とは異なる、普通の世界を生きている。狂気や異常ということであれば、スピノザやニーチェやカントの方が、ちゃんとしたまともな「狂気の人」と呼ばれる存在性を備えていると思う。だから私は、狂気無き人としてドゥルーズを捉える。

狂気を「マニア」という神的なものの憑依として捉えるのであれば、それはカイヨワが語る「遊び・遊戯」の契機、つまり競争・模倣・賭け・眩暈という契機と結びつきを持ち、諸精神の集団的高揚の形式として理解できる。古来、神憑き・憑依という異常なる精神状態は、強大な伝染性をもったメディアの形式だったのだ。狂気を捉える場合に、コンテンツの不合理に注目してしまえば、メディアとしての爆発的伝染力が閑却されてしまう。

フロイトの精神分析への人々の興味は、それぞれの人間における肉欲・性的欲望の強さに起因していると言ってよいだろう。肉欲の強さは、中世において一二一五年に第四ラテラノ公会議が制度化した告解室という密室での語りにおいて無数に語られてきた。聴罪司祭はあまりにも同じような告解の内容に辟易して、できるだけ手短に、同じような罪はまとめて話すように促すことも多かったという。窃盗・暴力・性的罪悪など、時代を問わない定番の罪が、繰り返し告解されていたようだ。

本人にとっては生死をかけるほどの大問題も、ある人々にとっては陳腐でありきたりな小問題と見なされていた。人生の問題を自分で担って苦しみながら生きるか、外部から不偏不党なる観察として傍観者を決め込むのか、それは各人の自由だ。しかしながら、文学も哲学も肉欲の大きさという問題に発することも少なくなかった。正面から見据えてそれに苦しみながらも、それに答える方法はないはずである。

「ない」と断言したい理由は、肉欲の強さということは、人類が氷河期を生き延びるための種としての戦略だった可能性もあるからだ。種の維持ということの労苦はそのメカニズムが気づかれないまま個体に担わせなければならない。その意味では、種という普遍はいつも無慈悲で残酷である。個体としての生と種としての生との落差が、多くの苦悩を引き起こしているということがある。

狂気ということをどういう視点から語ろうとするのか、その態度設定は重要であろう。ここではドゥルーズの哲学にとってどれ程の積極的契機となっていたのかを確認したいのだ。その際、社会の秩序を維持しようとする者の視点から語るのか、社会を生きていく上で従うのが賢明な現実原則に対抗して快感原則に流されて行ってしまう人間の姿に共感的な視点から語るのか、いろいろな視点はあるだろう。自分に理解できないものを排除して、理解できるものだけで構成された社会は排除と暴力と抑圧にみちたものであったことは歴史を見ても明らかだ。

狂気と愛とは重なり合わないとしても、契合する側面を多く持っている。愛ということが、人生においても、個体化という点からも、重要であるのは述べる必要もない自明のことだ。そして、性愛という私秘的なものは隠されるべきものでありながら、一般的共通的なことであり、それを秘匿して扱うしかない。性愛は、内奥に秘匿され、私秘性の中心にあるものと扱われることによって、インティメイトな関係において、有一無二の贈与となり、永続的な契約となりうるものだ。きわめて一般的な事象をこの世に唯一のものとして実在化することができなければ、性愛による唯一の絆など出来上がるはずもない。家族ということが、私的所有という諸悪の根源であるという理解はあるとしても、インティマシー（親密性）という功利主義的な価値評価によっては評価されえない、血肉の情の起源にあることは確かなことだ。そして、それはここで前提としたい。

ドゥルーズにおいても、性愛が重要な契機になっていることは確かだ。特殊な性愛の形として、マゾッホ、ルイス・キャロル、アルトー、クロソウスキーなど、性愛は形而上学的枠組みの基礎として重要なのである。逆に性愛を語りえない形而上学など、絵に描いた餅以下のものだろう。存在論の中の基礎概念に男と女、別に二分法を取り入れる必要はないし、n個の性でよいのだが、それがカテゴリーとして登場しないのは、脱性化・非性化して天使的に語ることを選んでしまったからなのだろう。東洋の哲学が性愛や家族を取り入れることで倫理学的な枠組みが主流であったのは当然なのだ。ギリシアが、男のみの性を語り、唯一の性と考えたのか、非性化して存在論の基礎概念を考えたためなのか、分からないが、ドゥルーズの哲学は全身全霊性愛まみれである。

ドゥルーズが性愛について大きく語りだしたのは、一九六七年の『ザッヘル゠マゾッホ紹介』からのことだ。性愛は、私秘性の根源にあり、インティマシーを構成する決定的要素であるために、語られにくい。大雑把に語れば、私秘性という個人の内奥に隠されたものが、コミュニケーションの中に登場し、相互的な贈与となるときにインティマシーが生じる。このインティマシーの関係は異性相互に限られるわけではなく、家族の中でも同性の中でも共同体の中でもなされる。性的ということは、隠されるべきものとして語られるが、実のところ、いつも白日下にある明々白々なものであって、ただ隠されたものとして扱うことと、その扱い方のマナーが文化ということなのだ。つまり、性愛とは路傍の石よりも当たり前のことだと語ることを禁止することで性欲が成立する。

面白いのは、マゾヒズムの成立条件として、法の侵犯とそれに伴う罪責感が重視されていることだ。性欲の成立条件には罪責感があって、そのために法を犯したという意識がなければならない。罪責感のない欲望は枯渇してしまう。償うことのできない罪責感のみが永遠の欲望の源泉たりうるのである。『ザッヘル゠マゾッホ紹介』はこの点を示している。人々がサディズムやマゾヒズムをこっそり好むのは、法を侵犯した意識を消えない心の傷跡として受容するための洗礼なのである。もっとも一般的なものを内在化して、内奥に位置づけ、私秘性と唯一性を授与するためには、法の侵犯という契機が隠されねばならないことを正当化するためには、不可欠なのである。快楽や善を追求するということを虚構として語ることは、「王様の耳はロバの耳」と語ることに等しい。現実原則と快楽原則との対立を越えて、快感原則の彼岸に死への欲望があることは気づいたとしても語りにくいことである。

私が知りたいのは、自我の中の亀裂、ひび割れた自我というイメージをドゥルーズがいつ自分の哲学の内奥に据えたのかということなのだ。同一性を持った自我を、哲学的思考の根源として据えられる人は幸せな人だ。いつも埋まらない、架橋できない断絶と、バラバラのまま自我を抱えた人はその地点から遠いのだろう。哲学はどちらの方の味方なのだろう。

マゾヒズムは、「苦痛とは快楽である」ということを公理とするものだ。一般にそう捉えられる。しかし、このことも、現世での苦痛と天上での快楽、現世での快楽と地獄での苦痛との間の対応関係を示すものだとすれば、「苦痛とは快楽である」という命題は矛盾でも何でもない。その公理は天上と地上との均衡を表す公式ということを近世は忘却してしまったが、実は現代になっても、魑魅魍魎界の中に生き残っている。

ドゥルーズの哲学は正統的哲学への反抗で出来ているように語られることも多い。反‐哲学の代表的な一人として語られているようだ。確かに、彼の言説にはイデオロギー的な言説が多くなる時もある。特にガタリとの共著による著作にはイデオロギーの臭いが強くなってくる。イデオロギーが絡んでくると、結論は書かれていなくても見えやすいから、結末が最初から分かっている小説を読むのと同じで、テキストの進行の中で経験する眩暈や浮遊感が得にくくなってしまう。イデオロギーは人間から思考力を奪って、権力ある者の言葉を無抵抗に伝達実施するメディアを用意してしまう。

イデオロギーの支配する空間においては、中間の段階ははやく通り過ぎられるべきプロセスになってしまう。そういう場面をマルクス主義の終わりつつある時代においてずいぶん経験してきた。

そのような場面では、テキストは、問題設定と結論の間にある。できるだけ早く通り過ぎられるべきで、それ自身は価値を持たない透明なメディアになってしまう。しかしテキストとしては、本来、不透明で夾雑物が混じり、結論への進行を妨げる雑音まみれのものの方が、目的の手前の偶然性として享受することができる。ドゥルーズもまた、目的への到達を邪魔する偶然性を享受する人間だと思う。『意味の論理学』はそういう意味で、遊園地のように面白い空間なのだ。

だからなのか、精神分析のテキストにおいて、自分の中に異常性欲を見つけて安心する（三分の一ぐらいの不安を抱えながら）書き方が多くの著書に見られることには躊躇《ためら》いを感じるのだ。ドゥルーズの内面から目的もなく奔放に溢れ出る思想こそ、私には面白い。ドゥルーズが、異常な性愛として語るのは、正常の性愛の反対であって、それだけでは同じ性愛の表裏でしかない。それらは同じ性愛の様態なのだ。慣れて感じなくなった感覚に、リフレッシュを与えるための、新しい刺激など面白くもない。若者達は、なぜ殺人事件が起こった幽霊屋敷に行って怪現象の有無を調べたがるのか。死の瞬間の変化を確認しようとしたのか。そしてなぜそれに依存症的に執着してしまったのか。臨界面に何かがある。そしてその臨界面をドゥルーズは表面の形而上学において分析する。これについては後に考察する。

哲学的言説はそういった次元から離れているのか、近いのか。異常性愛を語る言説は凡庸ではないのか。

2 〈器官なき身体〉の苦悩

ドゥルーズは、《私》のなかの或る裂け目、亀裂を様々な思想家・文学者の中から導入する。そして、この裂け目と亀裂は消去されるべきものとしてあるのではない。それらは、自我における受動性であり、時間を意味するものだ。

この裂け目の持つ意義は、ドゥルーズにおける一つの中心点なのである。裂け目において伝達されるものが伝達そのものとまじりあうパラドックス、伝達によって伝達されるものが当の伝達に他ならないというパラドックスが見られる。裂け目は裂け目しか伝達しない。そしてその裂け目において他者を魅了し交流させ他人の裂け目を明るみに出す。つまり、常に出会いが裂け目の上で起こる。裂け目が現実存在すること、それこそ内部にある大いなる空虚なのである。裂け目とは、〈死〉、〈死の本能〉なのだ。

ドゥルーズにおける狂気という問題を考える場合、『アンチ・オイディプス』（一九七二年）がどういう本か考えていくことが必要だろう。『アンチ・オイディプス』のなかのドゥルーズが本当のドゥルーズなのか。スキゾフレニーという言葉を流行させ、憧れさせるきっかけになった本だ。統合失調症は、ヘルダーリンなどにおいて見られ、その天才との結びつきは昔から指摘されていた。統合失調症（スキゾフレニー）は、スキゾという言葉に変形し、流行語となり、憧れられるあり方になってしまった。『アンチ・オイディプス』は、サブタイトルが「資本主義と統合失調症」とあることにも暗示されるように、資本主義というパラノイア的経済システムに対抗する原理として、統合失調症が提示されているというのが大前提になる。統合失調症は、治療されるべきものではなく、資本主義を打破し、抑圧された現在から脱出するための逃走線を示しているのだ。

ノマド、脱領土化、逃走線、統合失調症、リゾーム、こういったものはすべて理性的秩序から脱出するための道具なのだ。道具の配置を、アレンジメント、内在平面、揺動平面など様々な仕方で語るが、そういった舞台装置のあり方と、その現れ方、現象形態が、〈此性〉なのだ。〈ミニマル・ドゥルーズ〉で示したように、ドゥルーズの現働化の装置が現れている。ドゥルーズの装置を、Deleuzimène とフランス語表現しても、ラテン語で systema Deleuzianstìcum と表現してもよい。ドゥルーズの哲学は、ドゥルーズの主題（テーマ）の変奏曲であるように思う。私にできることは「主題」を聞き取り、その変奏曲であることを鑑賞し、それが中世スコラ哲学の正統な継承者であることを示すことなのだ。ドゥルーズは、そういうことをとても嫌がるかもしれない。私自身、中世のスコラ哲学に気に入られたくてそれを研究しているわけでも、ドゥルーズやドゥルーズファンに気に入られたくて、この本を書いているわけでもない。しかし、誰がどう思おうと、ドゥルーズの変奏曲は楽しい。

ドゥルーズはアントナン・アルトー（一八九六～一九四八）から大きな影響を受けている。『差異と反復』においても顕著だが、『千のプラトー』において、〈器官なき身体〉を持ち上げるとき、その影響力は半端ない。〈器官なき身体〉も〈戴冠せるアナーキー〉もドゥルーズの中心を構成しているが、いずれもアルトーに起源を持っている。

アントナン・アルトーの精神病が統合失調症だったのかどうか、それは本質的なことではない。ただ、ドゥルーズがそこにスキゾフレニーの症候群を見出していたのは確かだ。〈戴冠せるアナーキー〉や〈器官なき身体〉という概念をアルトーから借りるとき、アルトーと通底するものを見出そうとしていたのだ。

マルセル・ビジオ（Marcel Bisiaux）が一九四七年に発行し始めた雑誌『84』は、一九四八年、第五・六合併号でアントナン・アルトーの特集を組む。そこに一九四七年十一月にアルトーが執筆した「私は生きていたし」という断片が収録される。

そこには「口はなし／舌はなし／歯はなし／咽頭はなし／食道はなし／胃はなし／腹はなし／肛門はなしだ／私は私である人間を作り直すだろう」とある（アルトー『アルトー後期集成Ⅲ』宇

野邦一・鈴木創士監修、河出書房新社、二〇〇七年、四九四～四九五頁）。この箇所へのメモ書きにドゥルーズは「器官なき身体」と記す。

ここで描写されている症候にドゥルーズは大いに関心を寄せる。ジュール・コタールは、後にコタール症候群と呼ばれる特異な症状を報告している。「X嬢は、自分にはもう脳も神経も胸も胃も腸もなく、組織を解体《デゾルガニゼ》された身体には皮膚と骨しか残っていない、と断言する。これはまったくこの症状に特有の表現である」（MP:186 邦訳 MP1:308）。

統合失調症の身体、麻薬中毒の身体、マゾヒストの身体。この〈器官なき身体〉ということは、蝶に羽化する前の蛹《さなぎ》の内部という表象に結び付けることもできる。しかし、ドゥルーズは渾沌のイメージに引き込む。ドロドロに溶けていく巨神兵と一体化する夢を表すかのように。〈器官なき身体〉に関する偉大な著作は、スピノザの『エチカ』ではないかとドゥルーズは呟く。人間が個体的実体ではなく、様態であるということは、モナドたちがドロドロに溶けて、〈器官なき身体〉を作り上げて、一つの無限実体になっている、ということだ。スピノザとライプニッツが〈器官なき身体〉という一つの哲学を作り上げることになる。それこそ、欲望の内在野（champ d'immanence）であり、存立平面（plan de consistance）であるという。一つに溶けあうイメージ、それは「実体の無限の海」という古代教父が残したイメージによって伝えられてきた。近世哲学は自己を思惟によって外界から隔離されたカプセルとして、海の中に無数に多くの繭を作り、内在野に器官を作り上げてしまう。

〈器官なき身体〉にもう少しこだわる。器官なき身体とは、非生産的なもの、不毛なものであり、いかなる形式も持たないものであり、死の本能そのものである。

〈器官なき身体〉とはなにか。控訴院長シュレーバーも、自ら記述した自分の状態とは、胃も腸も、肺もほとんどなしに生きてきて、食道も裂け、膀胱もなくなり、肋骨は砕け、時には自分の咽喉をも食物と一緒に食べてしまったという経験だった。

〈器官なき身体〉とは、井筒俊彦の世界では魑魅魍魎界に対応する。ルイス・キャロル的な意味の壊乱がそこにある。様々な表現方法はあるけれど、アルトーはゴッホにおける器官なき身体を語る。片手だけを炎に焼かれるままにし、それ以外は左の耳を切り落とすだけだったという、耳なしゴッホのイマージュこそ、器官なき身体の姿だ。性愛が絡むともはや身体は様々な器官を装備し始める。アルトーは糞袋としての人間を語るが、ゴッホは言わば右手と左耳だけがついている糞袋だ。それが器官なき身体にはふさわしい。

アルトーにおいて、糞便と性器との対比は、内属性と関係性の対比である。内属性は実体性と言いかえてもよい。実体性とはそれ自体で成立していること（ens per se）である。自体的（per se）とは単独で成立していることであり、そこに本来的な姿があると哲学は考えてきた。他のものによって（per aliud）ということは、偶有的に（per accidens）として捉えられてきた。しかし存在の中心が自分のうちにあるのではなく、外部に、また関係性の内にあるとしたら、他の者の内に（in alio）というよりも、他のものに向かって（ad aliud）という形式に見出される。関係性が性器的なものに見出されるとすれば、アルトーは他者的存在論を語ったのである。

アルトーは、世界を性器的カテゴリーと糞便的カテゴリーに分類する。その際、〈性器〉的カテゴリーは人間と人間との関係に関わり、〈糞便〉的カテゴリーは、実体内属的な属性を意味している。排泄物は、実体から放たれた偶有性のことである。神が私に与えた存在は実体性にまみれ、器官を有し、身体という実体性の中に拘束する。アルトーが求めるのは、普遍的な関係の網の目だ。〈器官なき身体〉とはそういう拘束なき普遍的関係性のことだ。アルトーはスピノザと近い世界観を持っていたのだ。肛門や性器や排泄物を攻撃的に語るのは、それらが自己の存在を苦しめる元凶だからだ。肉体に孔をあけ苛む齲蝕《うしょく》（カリエス）と語り、それを神と同一視するアルトーは、存在の分節化、個体化を憎んでいる。苦しみを与える病気としての存在という観念から彼は抜け出ることはできない。

狂気は形而上学の問題である。統合失調症は、心的領域の区切りに関連するのかもしれない。区切りを手早く、簡便に作り上げ、プライバシーを小さくすれば、子供は幼いうちから大人のように振る舞うことができる。しかし、プライバシーの中心をなす親密圏（インティマシー）の領域の確立に失敗すると、区切りを成立させていた秩序が崩壊してしまう。テレビのアナウンサーが話しかけているのは私一人に対してであり、ドラマの俳優の語る「お前を愛している」というセリフは〈私〉に対して向けられたものであるという世界は荒れ狂ったものになる。壁も仕切りもなくなった部屋は、トイレも風呂も客間も一区切りになるように、インティマシーが守られる領域はなくなってしまう。

「私、アントナン・アルトー、私は私の息子であり、私の父であり、私の母であり、そして私である」（AŒ:21 邦訳 AŒ1:38）とアルトーは記す。これは彼が関係性において考えていたことを示している。統合失調症者は独自の位置決定の様式を持ち、錯乱的な様式を持つ。しかし、これが成り立つのは、あらゆる区分や区画が無意味であって、等価であるからと考えれば、絶対的中立無記性の領域が現れる。矛盾律や同一律は、中立無記性の領野を蝕む。

あらゆるエクリチュールは汚物であるとアルトーが書き、ドゥルーズがそれに賛意を示すとき、二人とも、文化現象は糞便的カテゴリー現象だと考えていたのだろう。糞便性は内属性や実体性と連動し、所有や支配と結びつく。性器的カテゴリーは、関係性と絆を表し、自己破壊的であり、死の本能を隠し持っている。統合失調症者が区分や区画を乗り越えて、器官なき身体へ突き進むのは、死の本能への奉仕者であることを演じているからだ。

話を戻す。統合失調症と対立するあり方がパラノイアで、常同症的なイデア論の残滓のごときものとして描かれた。分裂や裂け目ということは、現在という時点における時間の総合、ベルクソンから継承した持続という概念においてもあった。時間と主体性の構成という論点を結びつけ、それにこだわり続けたドゥルーズは、主体や意識や理性といった動かない同一性を基礎にして、その上に哲学を構築しようとする人々に反発を感じる人々の味方なのである。

アントナン・アルトーのテキストは、常識的秩序からの距離において振幅が激しい。彼のテキストの中でも理解しやすいものは、幾分かの狂気を交えながらも了解可能でありながら、他者の理解を拒み、自らの情念と狂気の炸裂にしか見えないものも多い。しかし、アルトーを理解しようとする心が強ければ、アルトーの言いたいことはシンプルに見える。アルトーにおいて性的な概念（精液、性器、ペニスなどなど）はすべて関係性を表し、糞便は内在性（実体性）を表していると読める。性的なものはリプロダクションに関係し、個体の中の出来事ではない。アルトーの文章は徹頭徹尾性的言語で記されているが、それはすべて形而上学の用語に置き換えることができる。スコラ哲学的だ。ポルノスコラグラフィーとでもいうべき様式がそこにはある。精液や血や糞便に充ち溢れた彼の言葉は、人間が秩序だった日常世界を構築するために、穢れたものとして排除されてしまったものを取り出し、その抑圧装置の姿を顕在化しているだけであり、既成の言語をはずれるときもその思想は明瞭であると思う。

だからこそ、我々は戴冠せるアナーキー、器官なき身体、そういう自分で思いつきえない発想に憧れる。クロソウスキーのバロック的エロティシズムに魅了されない人は少ない。行儀よくしつけられた性欲が登場する精神分析、野性の性欲が闊歩するアルトーの世界は対極的だ。

しかしなぜドゥルーズは、アルトー、シュレーバー、X嬢といった統合失調症的な症例にこだわるのか。それは、オイディプス帝国主義に対抗するためだろう。

オイディプスとは、性的欲望を正準化し、理性の管理のもとに、性欲をヒエラルキーにそって秩序的に配列しようとすることだ。

パパ－ママ－ぼくという三角関係において、パパという理性の審級への対抗を経てそれを内在化しようとする物語を各人に引き受けさせようとする。オイディプス帝国主義。ファルス（男根）をヒエラルキーの頂点に据え、絶対的権限を付与するための抑圧装置がオイディプスなのだ。家父長制的理性主義の装いのもとでの男根主義がそこにある。去勢がオイディプス化を完成するというのは、権力の行使を正当化し現働化することだ。

だからこそ、器官なき身体に関する偉大な書物は、スピノザの『エチカ』ではないだろうか、とドゥルーズが語るとき、それは途方もない哲学史的直観の光輝をまとっている。スピノザは、現代日本のアニメで言えばセカイ系の元祖である。そして、X嬢やシュレーバーと肩を並べる〈器官なき身体〉の元祖であるという。スピノザが〈器官なき身体〉の元祖であるかどうかはあまりこだわらないとしても、スピノザの途方もなさがここまでも人の心を魅了するのは、スピノザは案外魑魅魍魎界のプリンスなのかもしれないと思ってしまう。

3　悪循環の蠱惑

ドゥルーズにとってニーチェはいつも決定的である。だが、ニーチェがドゥルーズの中で受肉し、血肉となるのは、『差異と反復』においてだったと私にも見える。そして、そのとき、シミュラクルとファンタスムという契機が大きな役割を演じる。この両概念によって、存在の一義性はニーチェに流れ込むことができるからだ。ドゥルーズが、ニーチェの読み方について、大きな変化を遂げるのは、一九六四年のことだった。クロソウスキー（一九〇五〜二〇〇一）が或る程度媒介者の役割を果たしていると言える。

ドゥルーズとクロソウスキーの出会いは一九四〇年代の中ごろだったようだ。六〇年代の半ば、ニーチェという共通のテーマを介して親しく付き合うようになった。一九七〇年代半ばまで尊敬の念を互いに表明しあっていたが、八〇年代初めに関係を一切断つことになる。『千のプラトー』（一九八〇年）におけるアルトーへの批判的言及が機縁だったのだろうか、両者が関わりを断つのは様々な事情によって当然ともいえるのだから、理由を勘繰るべきことでもないのかもしれない。

一九六四年七月四日から八日にかけてロワイヨモン大修道院でニーチェ討論会が開かれた。企画したのがドゥルーズ自身で、参加したメンバーは、ジャン・ボーフレ（一九〇七〜一九八二）、カール・レーヴィット（一八九七〜一九七三）、ジャン・ヴァール（一八八八〜一九七四）、そしてクロソウスキーである。

この討論会から、ドゥルーズは多くの発想を得ることができた。ドゥルーズのニーチェ論も大きな変貌を遂げることとなった。その最も大きな要因がクロソウスキーであり、この討論会をきっかけにして、二人は親交を結ぶようになる。クロソウスキーの『ニーチェと悪循環』（一九六九年）は、ドゥルーズへ献呈されている。ドゥルーズからの答えは、ロワイヨモンでのニーチェ討論会におけるドゥルーズの総括にも見えている。

まさにこの意味でクロソウスキー氏は、《力能の意志》における強度的な波動の世界を私たちに示したのです。この波動の世界において、同一性は失われ、また誰もがみずからを欲することができるのは、ただ他のすべての可能性を同じように欲し、無数の「他のもの」に生成し、偶然の瞬間——その偶然性そのものが、系列全体の「回帰の」必然性を内含している——としてみずからを捉える場合だけです。これは、クロソウスキー氏によれば、記号と意味の世界だということです。なぜなら、記号は強度の差異のなかでうち立てられるからであり、またそれらの記号が「意味」になるのは、記号が最初の強度の差異のなかに包まれた別の差異を目指して、これらの差異を通して自己へと回帰する限りでのことだからです。

(ID:171 邦訳 ID1:260-261)

ニーチェ討論会において、ドゥルーズはニーチェの思想にそれまで以上に深入りするようになった。力への意志と永劫回帰という論点が結びつく。そして、以下の箇所に示されるように、神という悪循環という論点が、神の死と自我の解体との重なりによって捉えられるという決定的な論点が打ち出される。クロソウスキーの影響は大きい。

まさにクロソウスキー氏の力量によって、ニーチェにおける、神の死と、自我の解体、個人の同一性の喪失との間に存在する紐帯が明らかにされたのです。神、すなわち《自我》の唯一のあかし。つまり、一方が消え失せると、他方は死を迎える。さて、ここから力能の意志は、互いを踏破し、相互に浸透するこれらの波動あるいはこれらの強度の原理として生じるのです。また、ここから永遠回帰は、それらのあらゆる変容を通して回帰し再び踏破することになるこうした波動や強度の原理として生じるのです。要するに、永遠回帰の世界は、強度における世界、差異の世界であり、それは、《一者》も《同じもの》も前提しない、唯一神の墓と同一的《自我》の瓦礫のうえに築かれる世界なのです。永遠回帰それ自体は、「回帰する」ことでしかその統一性をもたないこの世界の、唯一の統一性であり、反復によってしか「同じもの」をもたない世界の、唯一の同一性であります。（ID:171 邦訳 ID1:261）

ニーチェのニヒリスムにおける「強度的な波動の世界」「差異の自己回帰性」「相互に浸透する波動」といった重要なテーマがここで確認されている。一九六二年の『ニーチェと哲学』ではドゥルーズ的に読解されるニーチェの姿が強くは打ち出されていないが、一九六四年のニーチェ討論会は、ドゥルーズのニーチェへの踏み込みを加速するものであったことは確かだ。神の死と、自我の解体と、個人の同一性の喪失とがニヒリスムと永遠回帰という枠組みの中で結びつくことが宣言されている。

クロソウスキーは、『ニーチェと悪循環』において、ニヒリスムを称揚する。ニヒリスムはあらたなフィクションを発明する力であると。そこで重要となるのは、ファンタスムという対象を構成する能力のことだ。なお、表記については「シミュラクル」と「シミュラクル」、「ファンタスム」と「ファンタスマ」など様々だが、ここでは、「シミュラークル」と「ファンタスム」として表記する。人間心理のファンタスムはシミュラクルのなかに外在化される。「本質的にファンタスムを生み出すものである諸衝動、それら以外には何も存在しないのだ」（クロソウスキー

『ニーチェと悪循環』一九六頁、邦訳二六三頁)、「シミュラクルはファンタスムの産物《プロデュイ》ではない。そうではなくて、その巧妙な複製《ルプロデュクシオン》であり、その複製から出発して人間はみずからを生産する〔プロデュイール〕ことができるのだ」(前掲書同頁)。

シミュラクルとは類似した偽物でしかないのではないか。偽りの像=シミュラクルは、「詐欺師としての」哲学者の手の中で、衝動の生からうまれた意志されざるファンタスムの、意志された複製となる。

ファンタスムとは幻想を作り出す想像力であるように見える。いや、ファンタスムとシミュラクルの両概念が構成する永遠回帰という存在機械の働きはきわめて興味深い。ファンタスムとは自分自身のシミュラクルを作り出すからだ。

自己同一性の保証人としての唯一神が消滅した帰結として、無数の神々の回帰ということが起こるのだ。唯一なる神が消滅して、世界の存立を保証するものとして無数の神々を持ち出し、その神々が常に生成し始めるということだ。

不可逆性はそこでは破壊されてしまう。不可逆性の破壊としての〈永劫回帰〉、その体験から出発して新しい運命の在り方も登場する。それが悪循環であり、そこでは始まりと終わりがいつも一つにまじりあい、それゆえに目標も方向も廃棄されてしまうようなあり方なのである。

クロソウスキーがどのようにニーチェを取り込んでいったのか、時代をちょっとだけ遡ってみることは、ドゥルーズとクロソウスキーの関係を知る上でも重要かもしれない。

クロソウスキーは一九五四年『喜ばしき知識』の翻訳を刊行し、そこに序文を付している。そのなかで、ニーチェの悪循環としての神（circulus vitiosus deus）としての〈永劫回帰〉を語り、それが海の磯辺の光景としてイメージ化されること、寄せては返すという波の貪欲な運動に、埋没した宝物への渇望だけを見出している。波と波との間には、プラトンが『国家』で語ったレテの河（忘却）が流れ、その水によって、〈今・ここ〉（hic et nunc）は、たえず「レテの河」を渡り、忘却することで〈今・ここ〉の無限連鎖を送りとどける。忘却によって断絶した〈今・ここ〉と別の〈今・ここ〉の間を、レテの河という、荒れ狂う波濤を越えて架橋するものは何か。小さな波と次の小さな波との間の奈落に畏怖と歓喜を感じる者に幸いあれ！
〈今・ここ〉という内在性の城は〈此性〉の領域でもある。自我が刹那滅の構造を有し、瞬間ごとに出来し消滅する事物であると述べた思想は、イスラーム哲学にもインド哲学にもある。ギリシア的な同一性を保持する実体が哲学の不可欠な概念なのではない。刹那滅の実体をたえず非存在から存在へと還帰させる神の全能と無限の慈悲があれば、世界の同一性は何ら揺らぐことはない。ニーチェにおいて、そういった同一性の非存在を打ち出すことによって世界を支える論理が〈永劫回帰〉なのだ。波のように別個の存在者として押し寄せ続ける存在の波の前でニーチェは不安に陥っていたのではない。

ここでクロソウスキーのニーチェ理解にこだわりたいのは、ドゥルーズが一義性理解を、スコトゥス、スピノザ、ニーチェと結びつける場合、ニーチェのニヒリスム理解を一義性に結びつけるための強力な概念装置が必要だからだ。それこそ、クロソウスキーのニーチェ理解にあったと私は思う。
シミュラクルが、ファンタスムの産物というよりは複製であるという微妙なこだわりが展開されるのは、「悪循環たる神」というニーチェの決定的イメージの構造を示すためだ。もしシミュラクルがファンタスムの産物でしかないとすれば、悪循環は循環しないで止まってしまう。悪循環が悪循環として永遠に回帰し続けるためには、ファンタスムの生み出すものがファンタスムでなければならない。同じ論点が中世神学の聖霊論に見られる。聖霊の賜物が聖霊自身であるということ、メディアのつたえるメッセージがメディアそのものであるということが基本的論点なのである。

聖霊の賜物が聖霊であるということ、それは聖霊が神の呼吸として神からの発出を伴いながら、しかし同時に被造物から被造物への伝播と両立するという非ギリシア的リアリティ構造を維持するための絶対的必要条件だったのである。

ニーチェもクロソウスキーも、中世聖霊論の後継者なのである。悪循環としての神が聖霊論の系譜に属することは神学者ニーチェの姿を見るために重要な論点となる。「神は死んだ」としても死んだ瞬間に生成し、悪循環を続け、〈今・ここ〉に出来し続ける。

確かにファンタスムとシミュラクルの関係は、クロソウスキーにおいても微妙であり、理解に苦労するところがある。そして、ドゥルーズもクロソウスキーの枠組みをほとんどそのまま用いているが、時には少しずれるようなところもあって、両者の関係を見定めることは容易ではない。しかし、ここでは大まかに理解することを目指した方が賢明だろう。

本質的にファンタスムを生み出すものである諸衝動、それら以外には何も存在しないのだ。シミュラクルはファンタスムの産物《プロデュイ》ではない。そうではなくて、その巧妙な複製《ルプロデュクシオン》であり、その複製から出発して人間はみずからを生産する〔プロデュイール〕ことができるのだ。すなわち、このようにして毒を抜かれ馴致された衝動の力から出発して。偽りの像（Trugbild）――シミュラクル――は、「詐欺師としての」哲学者の手のなかで、衝動の生からうまれた意志されざるファンタスムの、意志された複製となる。（クロソウスキー前掲書同頁）

衝動、言い換えればコナトゥスから生まれるのは、刹那滅たる様々な魑魅魍魎的幻想であり、そこから同じではないが、等価なものとして、シミュラクルが再生産される。競馬、たばこ、酒、女、万馬券、野球、ゴルフ、快楽、トリュフ、芸術、音楽、哲学、これらはすべて等価なシミュラクルだ。人生の退屈を埋めたいというコナトゥスから生まれた妖怪たちでしかない。

ここでは、オリジナルがあって、それが優位なものとしてあって、そのコピーや写しとしてあるのではなく、そもそもオリジナルなど存在しない。オリジナルを求める者は、表象＝再現前化の形而上学に陥ってしまう。

クロソウスキーは、細分化されたバラバラの亀裂だらけの姿を描く。ドゥルーズは、反実現を語り、個体化と〈此性〉を語る。つまりクロソウスキーに〈此性〉はなくて、ドゥルーズには

〈此性〉がある。両者の決定的違いだ。

シミュラクルはファンタスムの複製である、というクロソウスキーの言葉は重い。重要なのは、クロソウスキーの思想の重力からドゥルーズがどこで飛び立つかである。『差異と反復』が面白いのは、その離陸が描かれているからだ。

> シミュラクルがその束縛の力を発揮するためには、ファンタスムの必要性に答えねばならない。衝動がすでに自分自身のために何かを「解釈して」しまっている場合には、ファンタスムは、意識下の次元において、理解不可能なものでありつづける。それは、生のある状態に対する知性の凝固した無理解でしかないのである。ふたたび言うが、知性とはそれゆえに「錯乱」の、すなわち衝動の生の、もっとも悪辣なカリカチュアなのである。だから知性はファンタスムが「言わんとする」ことを歪曲するのである。（クロソウスキー前掲書同頁、邦訳二六四頁）

ファンタスムは、知性の時間・空間の外部では何も意味することができず、怪物じみたものであり、理解不可能なるものの領域を画定することによってその姿が浮かびあがってくるものだ。

ファンタスムとシミュラクルの関係はどうなっているのか。ファンタスムは理解不可能な記号である。シミュラクルのテーマは、一つの目標を定めること、一つの意味を与えること、単に生気にみちた力のかずかずに方向性を与えるばかりでなく、あらたな力の中心（複数の）を生じさせることである。欲動の生の諸々のファンタスムはそれが起源となって、目標や意味のシミュラクルが捏造されるのである。

> 気分（欲動あるいは反撥）から観念へ、観念からその発話的言語化へと、沈黙のファンタスムの言葉への変換がおこなわれる。ファンタスムそのものは、われわれの衝動がなぜそれを欲しているのかを、説明しないのだ。われわれはそれを、周囲の環境の拘束のもとで解釈する。その拘束は、それ自身の記号のかずかずを介して、われわれのなかに深く根をおろしているので、われわれはそれらの記号を使って、われわれ自身にいつまでも終わることなく語りつづけるのだ、衝動がいったい何を欲しているのかを。それがファンタスムである。しかしそのファンタスムそのものの拘束のもとで、われわれはわれわれの発話によって、ファンタスムが何を「いわんとしているか《ヴロワール・ディール》」を偽装《シミュレ》する。それがシミュラクルである。（クロソウスキー前掲書二六六頁、邦訳四九八頁）

そうだ、我々は自分たちの欲望を知らないのである。人間は自分が未来に何を欲望しているのか知らないのに、知っていると妄想しているのである。分かりもしないのに、分かっていると妄想し、そういうシミュラクルの無限系列を創造し続け、創造しなくなると死んでいく存在、それが人間なのである。そしてそういう姿への讃歌を歌ったのが、スピノザ、ニーチェ、クロソウスキー、ドゥルーズなのである。その源流としてフランチェスコを挙げてもよい。主体や自我が初めに堅固たるものとして同一性を支え、それが自己という実体を支える基体であり、そういう西欧的自我を確立せよ、と我々は習ってきた。明治維新の課題は西欧的自我を受容し、西欧に追い付け追い越せということだった。哲学もまたその支援部隊となることを要請された。しかし、ここでの系譜はそういうものを真っ向から否定する。それはとても快いことだ。

いつも逸脱と揺曳を含んでいるドゥルーズの思考が、ガタリとの共著においては硬直したスコラ哲学のように変化してしまうように見える。細かいブレや動きを常に含んだ文章こそ、ドゥルーズの本質だと思う。ガタリとの共著では、統合失調症的症状の確定に向けてのドグマが並んでいるように感じる。

ここで、クロソウスキーとドゥルーズの関連を考えるとき、私にはクロソウスキーがドゥルーズにおける一義性理解をかなり準備しているように感じる。ドゥンス・スコトゥスの一義性も概念における一義性という静態的なものではなく、主意主義に基づく愛や聖霊の強度空間を語るために準備された強度に満ちたものだったと思う。だから、ドゥンス・スコトゥスの一義性を語る場合に、限定するもの（determinans）と限定されうるもの（determinabile）という日本語にすると乖離が見えにくくなる、しかし絶対的に離れたもの相互の間に一義性の絆を設定しようとした。それは享受の可能性を確保するためだった。フランシスコ会の伝統の中で、ボナヴェントゥラもドゥンス・スコトゥスも被造物による神の享受、認識可能性よりも享受を重視し、そのための条件を探求したのだ。ドゥルーズの中に神と被造物の絆という問題はないとしても、享受の可能性を追求した思想的系譜ということでは、アウグスティヌス以来の流れを正統に継承しており、しかもその流れにニーチェも組み入れられるというのは、誤解であろうと何であろうと私の確信なのだ。つまり、ここでシミュラクルとファンタスムの議論の中に、一義性の論点を感じ取るべきなのだ。そうすれば、これがリトルネロや反復の問題と結びつくことが見えやすくなる。そして、私はクロソウスキーを読みながら、ここにもドゥンス・スコトゥスが現れていると思ったのだ。

一義性とは共通性ではなくて、途方もない乖離を越えて架けられた橋なのだ。乖離を飛び越えるのは、同一性でも類似性でもなく、強度なのである。

ドゥルーズの一義性理解にとって、肝要なのは、クロソウスキーのニーチェ理解とドゥンス・スコトゥスを結びつけることだ。ニーチェの「悪循環たる神」ということと、ドゥンス・スコトゥスの存在一義性を結びつけるのが、クロソウスキーなのである。

しかし、ドゥルーズはクロソウスキーからの影響を隠していく。そして離脱してゆく。親愛と尊敬の情に充ちた関係において、クロソウスキーの影響を自分で意識することは、子どもが親からの影響に支配され続ける限り、自己を確立できないように、その影響は隠されるべきだ。そして、思想史研究とは、過去の思想家から影響関係の証拠を示しながら、実証的に確認していくことではない。Ｇｏｏｇｌｅによって、接近不可能だった膨大な哲学的著作が読めるようになった今、テキストとテキストとの影響関係を示すことは学問的な業績を作りやすくなったが、なすべからざることをなし得るものにしてしまうことによって、哲学の大罪への道を開くことになってしまったと思う。人生が数万年にのび、ＡＩ並みの記憶力と読解力が与えられない限り、悉皆テキスト読破型哲学史は目指されるべきではない。

ともかくもクロソウスキーの影響が大きくて、それはドゥルーズにとってどうでもよいことだった。クロソウスキーの影響は、ガタリによって巧妙に隠蔽されていく。ドゥルーズのクロソウスキーへの心酔は、『差異と反復』（一九六八）と『意味の論理学』（一九六九）において熱狂的なものとなるが、ガタリとの共同作業を始めて、『アンチ・オイディプス』（一九七二）、『千のプラトー』（一九八〇）になるとクロソウスキーの影は薄れていく。

シミュラクルとファンタスムという概念を使って、クロソウスキーはニーチェの〈永劫回帰〉を語った。それは同一物の永劫回帰ではない。これはクロソウスキーもドゥルーズも強調することだ。同一物の反復による無意味さ、そんなことが複雑怪奇で魑魅魍魎界にしか見えない人間世界に成り立つはずもない。小さな部屋に引きこもって毎日同じように生きていれば、同一物の永劫回帰を経験することはできる。スピノザはそういう生活をしていたのではないか。いや、そんなことはない。彼の独自の実体論の中での様態についての思想は、ザラザラヒリヒリする世界の感じ方を記したものだ。様態は本質や属性と異なり、永遠の相から記述はいつも飛び出そうとし、人間知性の把握を破砕する。

存在はシミュラクル（紛い物）の永劫回帰だ。毎日出会う見慣れた人や光景が毎日入れ替わる偽物であるという日替わりの日常性、そういう感覚を持たないで済む者は幸いなるかな。日替わりで現れる識別不可能なそっくりな偽物の世界が、いつも同じような姿で現れるのは、私の精神の目から投影されたプロジェクターによって映し出されているからだ。家の一番近くの曲がり角で出会う人が毎日異なっていても自分を狙うスパイであるという感覚は、或る狂気の中では自明な出来事だ。

投影の作用としてのファンタスムは、いつも異なっていても（誰にとってなのか？）、同じものとして現れる。〈私〉は毎日同じ世界を見る。しかしそれは世界にどのような変化が起きても、私の方が変化して世界が変化していないだけ、そういう世界の中心に関するコペルニクス的反転の相において見れば、永劫回帰もまた興奮に充ちた領域となる。

ともかくも、クロソウスキーのドゥルーズ哲学の基本構成への影響はきわめて大きいものだった。しかし、ドゥルーズがガタリと共犯者的親密性を形成し、クロソウスキー的圏域から逸脱し始めた、いや逸脱していないのに逸脱しているように振る舞っていることが、両者の関係にひびを入れたのだろう。ドゥルーズが、クロソウスキーからの影響を明示しなくなったとき、両者の個人的関係は消えていったのだろう。だが、そんなことは思想史の偶有性でしかない。両者の類縁関係と影響関係は彼らの意識とは無関係に否定できるはずもない。

4 断絶の間の彷徨

ドゥルーズは『意味の論理学』の第13セリーにおいて、アントナン・アルトーとルイス・キャロル（本名チャールズ・ドジソン）の二人の関係を扱った節を設けている。キャロルとアルトーの微妙な関係は面白い。接近しているように見えて、隔絶している両者の関係を見ていくことは、両者がそれぞれどのような特質を持っているのかを示してくれる。また、両者に多大の関心を示し、大きな影響を受けているドゥルーズの特徴を知る上でも、両者からどのような論点を借り入れているのか分かると、ドゥルーズの思想の姿も見えやすくなってくるのだ。

キャロルとアルトーは両者とも統合失調症的なところにおいて近接するようなところもありながら、決定的に相容れず、決裂せざるを得ないところがあるのだろう。ドゥルーズは両者に接近し、中間的な批評家的な場所にいる。

「ラタラ　ラタラ　ラタラ　アタラ　タタラ　ラナ　オタラ　オタラ　カタラ　オタラ　ラタラカナ　オルトナ　オルトナ　コナラ　ココナ　ココナ　コマ　……」というアルトーの詩は、キャロルがジャバーウォックにおいてアルトーを前もって剽窃していたと訴えたときに用意した詩だ。

論理学者たるキャロルが踏み込む無意味界と、アルトーが踏み込む無意味界とは、異なった構造を持っているようだ。

アルトーは、「ロデーズからの手紙」の中で、最初はハンプティ・ダンプティの章をほとんど改編して訳し、その次にはルイス・キャロル自身を激しく裁いている。その手紙の中で、アルトーはキャロルと対決する。とても重要なので少し長いが引用する。

ぼくは「ジャバーウォックの歌」の一部を訳したが、それでぼくはもう厭になった。……ぼくは知性の綽々たる余裕と赫々たる勝利を思わせる表層の詩や言語は嫌いだ。……ボードレールは失語症と両麻痺という壊疽を生み出し、エドガー・ポウは青酸やアルコールのごとき酸っぱい粘液を吐き出して、中毒と発狂にまでいたった。それに較べればこの詩の作者は去勢者だ、良心をすり潰してそこから作品などという代物を生み出そうといういわば混血の雑種だ。……みずから言語を創り出し、文法を超えた意味をもつ純粋言語を作中人物にしゃべらせるのは自由だ。しかしその意味はそれ自体で価値あるもの、つまり苦痛から生じたものでなければならない。……この詩は知的な御馳走を頂こうとする人間、結構な食卓で他人の苦しみを賞味しようとする利殖者の作品だ。……人が存在の、また言語のウンコを掘り下げるとなれば、その詩は快適であろうはずがない。（アルトー「ロデーズからの手紙」、一九四五年九月二十二日付、高橋康也訳を使用、高橋康也『ノンセンス大全』晶文社、一九七七年、三一〇頁）

アルトーは、ルイス・キャロルのことをウンコ野郎だと罵っている。糞便性と肛門的欲望の人間だと見なし、非難を加えている。アルトーは、それとは対極的な「苦悩の子宮内存在」と自らを捉えている。続きの部分である。

あらゆるすぐれた詩人が身を浸してきたところの、そして快適ならざる生みの苦しみを嘗めてきたところの、苦悩の子宮内存在──「ジャバーウォック」は作者によって慎重にこの子宮内存在から遠ざけられた作品だ。この詩には排泄嗜好的な、肛門的部分は確かにある。しかし、それは俗物イギリス人のもつ程度の排泄嗜好にすぎない。彼は猥雑なるものを、髪にアイロンを当てるように、自分の中できれいに整えてしまう。……ぼくは飢えたものたち、病者たち、非人たち、中毒患者たちの詩が好きだ──ヴィヨン、ボードレール、ポウ、ネルヴァル。そして書くものの中で身を亡ぼしてしまっている言語の死刑囚たちの詩が好きなのだ……。（前掲書の続き[2]）

アルトーはキャロルを倒錯者と見なしている。倒錯者であることを非難しているのではなく、小賢しい倒錯者であることを非難する。表面の言葉の創設に終始し、深層の言葉の真の問題、すなわち、苦悩の根源的な問題、死と生の熾烈な問題を感じなかった小‐倒錯者（ザコ倒錯者）と見なしている。アルトーは、最初ルイス・キャロルの中に自分と相通じるものを感じ取ったのだろう。しかし、途中で激しく憎悪し始める。

糞便性がキャロルの作品の至るところで下に隠れていて、それをアルトーが弾劾するのは大事なところだ。アルトーからすれば、キャロルは糞便性の肛門的小児性欲の人間なのだ。アルトーは、体中に孔が穿たれたものとして自分を捉える。これは性器という関係性と受傷性の器官として自分を捉えているのだ。糞便性は実体性と内属性の指標であり、性器性は関係性と受傷性の指標なのだ。

統合失調症の最初の徴は表面が裂けたということであり、身体における最初の相、身体がいわば茶漉し器やストレーナーのように、穴だらけになってしまうことなのだ。表面の皮膚に無数の小さな穴が開いていると捉えることをフロイトは統合失調症の特質として強調していた。これまで一般に精神病をめぐる記述の中で、統合失調症は能動性の消失、自我の外界からの遮断、自我や人格の解体というような特徴があるとされてきた。しかし、過剰なる関係性、外界からの遮断壁の消失と考えた方がよいのではないか。統合失調症は、微分回路であり、微妙な変化に敏感であるが、激しい大きな変化に対しては、針が振り切れてしまい反応しないように見えるという整理を中井久夫（一九三四〜）の『分裂病と人類』（東京大学出版会ＵＰ選書、一九八二年）で読んだ記憶がある。ここにあるのは他者性に対する過敏なセンソリウム（感覚器）としての姿だ。穴だらけの体とは他者性に開かれすぎた、敏感に感じるあまり、傷だらけになった姿なのだ。

ドゥルーズはフィッツジェラルドにも激しく反応する。フィッツジェラルドの『崩壊』の冒頭は「もちろん、人生全体は崩壊の過程である」と始まる。ドゥルーズも「これほどハンマー音をわれわれの頭の中に響かせる文はほとんどない」（LS:180 邦訳 LS1:268）と記す。「もちろん」という、割れた大鐘の無気味な轟音の響きとともに始まる短編小説は不気味が漂うというのだ。人間というものはいろんな壊れ方をする。頭が壊れることもある。女友達が、頭が壊れたんじゃなくて、グランド・キャニオンにひびが入ったと考えたらいいのだとアドバイスする。彼女の言葉にはアンチひび割れ論者の響きがある。

「……世界はあなたの目の中に存在している——あなたの観念があるだけよ。それを自分の好みにあわせて大きくも小さくも出来るのよ。それなのにあなたは自分をちっぽけな、つまらない個人にしようとしてる。もしもあたしが壊れるようなことがあったら、世界も一緒に壊してやるわ。いいですか。世界はあなたが理解するようにしか存在しないんだから、壊れたのはあなただと思わないほうがいいわ——壊れたのはグランド・キャニオンなのよ」(フィッツジェラルド『崩壊』、『フィッツジェラルド作品集3』荒地出版社、一九八一年所収)。

もし私が壊れたら、私は自爆して世界を爆破するだろう。世界の在り方は、あなたの解釈次第である。壊れたのは、あなたではなく、グランド・キャニオンだといったほうがよい、とアメリカ風の慰めのセリフがある。思い出すのは、庵野秀明(一九六〇〜)のアニメ『エヴァンゲリオン』だ。言うなれば、碇シンジが裂けて(crack-up)自爆して、世界を爆破してしまったことが描かれていた。庵野は『エヴァンゲリオン』に凝集するファンたちに対して、セカイ系オタクになるな、世間に出よと説教し続けるけれど、説教者はいつも壇上で理解されないまま孤独な存在なのだ(なお、庵野は完結編である『シン・エヴァンゲリオン劇場版』では、そういった世界観を離れ、世間との和解を説いている)。

フィッツジェラルドの『崩壊』では、そういう慰めに対して「君はスピノザをうのみにしてる」と口答えする。でも彼女は「スピノザのことなんか何も知らないわ」と受け流す。スピノザが壊れた世界観を救うものなのに、その友情の手を払いのける主人公（著者自身なのだろう）は心寂しい人だ。「あなたがたは地の塩である。だが、塩に塩気がなくなれば、その塩は何によって塩味がつけられようか」（マタイ5：13）を引用して小説は終わる。もちろん、マタイは「もはや、何の役にも立たず、外に投げ捨てられ、人々に踏みつけられるだけである」という続きの言葉を付け加えている。フィッツジェラルドはその言葉を隠したまま、小説の結末をもたらす。ハッピーエンドでも暗い結末でもない中ぶらりんさは案外快い。スピノザも、自己破壊者と世界破壊者とを同一視する妄想を逃れよ、永遠の相においても見よと言う。そういうスピノザをドゥルーズも求めていたのかとなると私にも自信がない。だが、スピノザとドゥルーズも内在性の使徒である以上、重ならないはずがない。

ドゥルーズは、フィッツジェラルドの『崩壊』にずいぶん心を引き寄せられている。なにしろ裂け目（「ひび割れ」）ということが典型的に描かれているからなのだろう。

何故、裂け目が望ましいのかと、われわれが問い尋ねられるとすれば、それは、おそらく、裂け目を通って裂け目の縁でだけ思考してきたからであり、人類において善良で偉大であったことはすべて、自己破壊を急ぐ人びとにおける裂け目を通って出入りするからであり、われわれが勧誘されるのは、健康よりは死であるからである。（LS:188 邦訳 LS1:279）

ここで、ドゥルーズはキリストやフランチェスコのことを考えているのだろうか。実際に考えていたとしても、それを肯定することはなかろう。それはどうでもよい。ひび割れということへのドゥルーズの関わりは、狂気こそ裂け目（ひび割れ）であるからなのだ。しかし、裂け目についても、キャロルのように表面にとどまる裂け目もあれば、アルトーのように絶対的深層における裂け目もあった。

両者にそれぞれ心惹かれながらも、ドゥルーズは両者を峻別する。キャロルとアルトーの間には何の共通性もないとドゥルーズは整理する。セリーに意味を配分する表面での無意味と、意味を引き連れて意味を飲み込み意味を吸い込む無意味との間には何の関係もない。

世界も自分もいつも壊れ続けている。壊れ続けているけれど、それを拾い集めながらでも生きていくしかない。西洋哲学では、ギリシア以来、実体という基体として安定的に存在し続けるものが求められ続けてきた。しかし、私は壊れ続けるものに愛おしさを持つ人々と、桜が散る風景に心を惑わせながら、同行してみたいと思う。満開の桜の園において花吹雪の中で佇むドゥルーズの姿を私は哲学の顕現として見てみたい。

1 Artaud, Antonin, *Œuvres complètes, IX:Les Tarahumaras, Lettres de Rodez*, Gallimard, Paris, p.104f

2 ibid.p.105f

第五章

表面という魔物

ドゥルーズは、様々なスタイル（文体）を試みる。たとえば、『意味の論理学』で採用したセリー、『千のプラトー』で採用したプラトーなど。

セリーは「系列」ということだが、毎回主人公が替わっていく連続ドラマとして考えてもよいだろう。それぞれのセリーには人物の姿形が対応する、歴史的というよりもトポス的である。表面における姿形から別の表面における姿形に滑り移っていく。『意味の論理学』では最初ルイス・キャロルが主人公として登場していくが、ストア派、フッサール、マラルメ、ブスケ、ニーチェ、ライプニッツなどが主要人物になったりする。大事なのは、意味というパラドックスを多くの人々がどのように語ったかということだ。

プラトーとは、「高地、台地」のことで、強度において連続する地帯だ。リゾームの線に沿って次々に、あるいは距離を取って実現される。リゾームの線は、芸術、科学、政治学の諸要素に関わる。

I　表面の形而上学

『意味の論理学』を理解しようとする際、スタイル（文体）は大事な問題だ。哲学が、対話でなされるのか、討論でなされるのか、講義でなされるのかによって、議論の形式も変わる。スタイルは哲学にとって決して偶有性ではない。『差異と反復』とほとんど時期が重なるように執筆され、内容も重なりながら、別の書物として出され、そして何よりも異なるスタイルで書かれていることは無視するわけにはいかない。

ルイス・キャロルは、数学者、論理学者、写真家、童話作家、詩人、美少女への異様な拘泥、人前に出たがらないが、目立ちたがりの引きこもり系数学者であった。彼は、スナーク、アリス、ジャバーウォック、ハンプティ・ダンプティといった楽しい、いや楽しすぎる無意味さに充ちたキャラクターを多数創造した。意味と無意味の間を融通無碍に楽しそうに飛び交っている。人前に出た場合の鈍重さと真逆な軽やかさがそこには溢れている。ダジャレだらけの陽気で騒々しい人間が書き物においてはごく普通の常識世間人でありがちなのと好対照である。

ストア派とルイス・キャロルはいずれも表面の獲得に向かったとドゥルーズは記す。キャロルとストア派は結びつくのだ。童話の世界に登場するアリスとストア派が相並ぶ様子はなかなか理解しにくい。『差異と反復』と『意味の論理学』とは似ているようで、かなり違ってもいる。そういう違和感と結びついているようだ。『差異と反復』のキーワードが「受動的総合」だとすれば、『意味の論理学』においては「表面」ではないのか。そして、この表面という概念が、リゾーム的に様々な概念と盤根錯節を形成しあい、迷子を作り出す。

『意味の論理学』において論じられているのは、表面の形而上学だ。表面とは何か。意味が向かう領域だ。そして、この意味は矢印という内実を持ち、非存在性を帯びている。意味は命題の第四次元だ。意味を出来事とともに発見したとドゥルーズは記す。出来事は、物体的事物の上を物体的事物と関わりなく、無情に飛翔していく。

物体における実現と、意味の層における物体的事物における原因結果の系列を裏打ちするように、反実現の進行が生じる。反実現、分かりにくい表現だが、パントマイムの役者が舞台の台本を演じながら、台本に影響を及ぼすことなく、独立に振る舞うように、意味、表面、超存在は、物体的事物と対応し、それと同時に進みながら、無情に進行していく。反実現は概念に拘る者への最初の罠だ。反実現もまた表面の形而上学の上で生じる出来事なのだ。表面が無情でありながらも、過去と未来とを同時に見つめ、引き裂かれていくように、そこには万物の生成の根源的メカニズムがある。

『意味の論理学』の原書の裏表紙に書かれた言葉は、その書の全体を鮮やかに示している。

古代のパラドックスと現代のパラドックスのセリーを通して、本書は、意味と無－意味の地位を決定すること、そして何よりも、意味と無意味の場所を決定することを探求する。「出来事」と呼ばれるものは、正確には、どこを通り過ぎるのだろうか。深層・高所・表面は、人生を構成する複雑な関係に入り込んでいる。ストア派は新しいタイプの哲学者であったし、ルイス・キャロルは新しいタイプの作家であった。ストア派とキャロルは、表面の獲得に向かったからである。表面の獲得は、性においても思考においても、心的生活の最大の労苦であるかもしれない。そして、意味と無－意味においては、「最も深いもの、それは皮膚である」かもしれない。(LS：裏表紙、邦訳 LS1:3)

ドゥルーズは、ここでストア派を発見し、ルイス・キャロルを発見し、そして両者が「表面の形而上学」で重なることを見て取るのだ。両者が重なるだけではない。両者を結びつける関係線の上に、哲学史のすべての思想と精神分析の思想の大部分が載せられてしまうのだ。哲学史の中に表面の形而上学の系譜を見て取ることは、途方もない洞察力だ。

「表面の形而上学」がなぜここで問題となるのか、私にはなかなか分からなかった。しかし、ルイス・キャロルがはまった「カバン-語」という遊びを知ると、言葉の意味ではなく、言葉の響きが生み出し、結合する新しい意味論が見えてくる。それは、内面と関わりを持たない。これが決定的に重要なのだ。これこそ、準原因やストア派的運命論や運命愛など、様々なドゥルーズ的ツールの基本形を構成している。

表面にとどまり続けるもの、これこそ「無-意味」なのだ。だからこそ、「表面の形而上学」は「無-意味の論理学」でもあるわけだ。表面こそ最深層であるという誑《たら》し言葉は誑されるに相応しい内実を持つ。

『意味の論理学』の入口に戻ろう。ルイス・キャロルから話を始める場合、彼が途方もない言葉遊びの人であったことは、重要だ。チェシャ猫が消えて、ニヤニヤ笑いが残るという、存在論と形而上学を転倒させる笑いはノンセンス（無-意味）の天国だ。

問題は、キャロルが顔貌失認に陥っていたり、少女という無性的な存在に徹底的に拘泥したり、そしてその少女達を写真にひたすら収めたりするという、「表面の形而上学」に入り込んでいたことだ。

命題の第四次元としての「意味」、指示、表示、意義のうえに現れる「意味」という第四次元。これをドゥルーズは、ルイス・キャロルの世界に見出す。

無－意味とは意味の不在・欠如にとどまるものではない。新しい意味なのだ。だからここで、予め、スピノザが善悪を、〈理虚的存在〉と見なしていたことは触れておく価値がある。スピノザが世界の出来事を永遠の相において（sub specie aeternitatis）見るとき、彼は世界を非情に見ようとしている。彼の心が非情であったのか、非情を目指しながら非情になり切れないがゆえに非情を幾何学的秩序に基づいて獲得しようとしたのか、どちらなのか。私には非情になり切れない者が自分のために書いた「非情獲得マニュアル」のように見える。非情（impassibilité）、ストア派の語ったアパテイア（無情念）と同じものだ。情念の非存在という非人間的状態を倫理的理想とすることで、ストア派と仲間になることはここでは余計だ。

スピノザが善や悪を〈理虚的存在〉と見ることは、〈理虚的存在〉が単なる虚構ではなく、精神のなかではリアルなものであるがゆえに、事物の世界と観念の世界の非対称性を示すことになっている。スピノザ『エチカ』第二部定理七で「観念の秩序および連結は物の秩序および連結と同一である」と記され、心身並行論の典型理論が示されていると解されたりする。私は今でも正しい解釈なのかと疑念が湧く。スピノザは何事もないかのように平然とした顔で書きながら、善と悪をめぐって、物と観念との間の対称性が崩れることを第三部まで隠している。『短論文』では、善と悪とを〈理虚的存在〉と自分自身に言い聞かせるように記していたのに、『エチカ』では思惟の様態として緩めて表現している。〈理虚的存在〉についてはまた後に考えるかもしれないが、これは、虚構的なものではなく、思惟様態相互の関係であり、外界や実在的事物とは無縁に成立する。〈理虚的存在〉は中世哲学の決定的に重要なテーマだったのだ。これもまた表面の出来事であり、この表面上で、無数の情念が立ち現れる。だから、スピノザの『エチカ』のなかに、アリスを送り込み、『エチカのなかのアリス』という童話も可能だったのではないかと妄想してしまう。

ルイス・キャロルの小説の中の少女アリスはストア派の賢者たちを再発見するのだ。彼らは表面の形而上学、意味のパラドックスを享受しあうのである。プラトン主義の大転倒を引き起こし、イスラーム思想への道と東洋思想への道とマイノングの超存在への道がリゾーム状に生じるのである。『意味の論理学』は哲学的なディズニーランドのようだ。表面だけを滑走するジェットコースターを楽しむべきだ。

2 意味と表面

ドゥルーズが意味（sens）という言葉を使う場合、それは「方向、向き」というフランス語独自の用法が重ね書きされて語られている。そして、その意味ということにパラドックスを見出す。意味という語そのものに分裂と乖離が込められているのだ。意味作用ということが、記号の作用という文化現象の基礎としてあるということにとどまらない禍々しさを備えていることをドウルーズは感じとる。

だからこそ、『意味の論理学』の冒頭部分で、意味に関する謎かけをおこなうことで論述が開始されている。「一回で二つの方向［＝意味］へ行くこと、射ることが、生成することの本質である。（中略）パラドックスとは、一回で二つの方向を肯定することである」（LS:9 邦訳 LS1:16）と語られる。

これは決定的なイメージだ。現在の瞬間は双面神ヤヌスのごとき存在者であり、過去と未来に向かって二つの顔を持ち、そして自分自身を引き裂く存在なのだ。だからそれはひび割れで割れ目であり裂け目なのだ。

ここでのひび割れとは陶器の貫入のように表面のひび割れのことだ。表面の出来事のように見える。真の差異は内でも外でもない。ひび割れは内でも外でもない。

ストア派によるプラトン主義の初めての大転倒が起こっているのだ。ここで、〈存在〉は最高の類ではなく、〈或るもの〉という別の事物が最高類に位置するようになる。この論点は、最近の哲学史研究でやっとしばしば論じられるようになったテーマだが、既にドゥルーズがいち早く目をつけていた。

パントマイムの比喩や反実現という言葉は、表面ということが内でも外でもなく、二面性を有するパラドックスであるということから生じる特性を表示している。

反実現（contre-effectuation）という少しわかりにくい概念も、実現が物質的なものにおいて成立することで、非物体的なものにおいて成立するのが反実現と考えればよい。

意味とは〈或るもの〉(aliquid)であり、超存在、かつ存立であり、存立に相応しい最小の存在(minimum d'être)であり、形而上学の末端の小さな端子と捉えればよいとも見えるかもしれないが、それにドゥルーズがこだわるのは、このひび割れこそ人類の偉大なものの生まれ出る場所だと思っているからだ。

ひび割れは、身体がひび割れの危険に晒されるのでなければ、それは言葉や記号でしかない。それは古代中国の焼かれた亀甲上のひび割れと同じく将来を告げるための線であり、予言する線でもあるからだ。ひび割れを通ってひび割れの境界において思考するものがいて、人類において偉大なるものはすべて、こういったひび割れを通って出入りするものなのである。

ドゥルーズは、意味の問題を表面の問題として捉え、その手掛かりをルイス・キャロルに見出す。そして、ルイス・キャロルからストア派やフィッツジェラルドにサーフィンするように渡っていくのだ。

表面には意味の理論のすべてがあるとドゥルーズは述べる。表面ということと意味のパラドックスとマイノングの超存在の関係が分かればよい。

『意味の論理学』に裂け目(fêlure)という用語が登場する。ドゥルーズは存在論に裂け目という重要な契機を導入したのだ。裂け目とは、ひび、割れ目、亀裂なのだ。ドゥルーズは言及していないが、甲骨文字のようなイメージでよいだろう。

最も深いもの、それは皮膚だというのは、表面の持つ根源的な深さのためだ。この指摘はきわめて重要だ。ひび割れは内でも外でもない。ひび割れは物質的なものに帰属しない。非物体的な形而上学的なひび割れ、表面の無意味＝ひび割れとは将来を告げるための線であり、予言する線なのである。

意味とは実在しない存在者性（une entité non existante）、存在していない存在者と言ってもよい。意味とは、途方もないパラドックスを備えたものなのだ。「最も深いもの、それは皮膚である」というのは、言葉遊びでも何でもなく、真実の命題なのである。

表面とルイス・キャロルとを結びつける理路は、ストア派とマイノングの関係が分かれば見えてくる。

ストア派はアリストテレスとは異なる存在論的枠組みに立っていた。アリストテレスは、存在論の系統樹を考える場合に、実体を物体的なものと非物体的なものに分け、非物体的なものにはそれほど顧慮を向けることなく、物体的なものと非物体的なものを両方とも存在者と考え、存在者こそ最も普遍的なカテゴリーと考えた。カテゴリーとは分割されたものだから、超カテゴリーといった方が良いだろう。

ストア派は、事物を物体的なものと非物体的なものに分け、存在と非存在を物体的なものにのみ適用する。非物体的なものには、存在と非存在は適用されない。

非物体的なものとは〈語りうるもの〉（レクトン）である。〈語りうるもの〉は、空虚や時間や空間と同じように存在しないものである。存在と互換的なものは超越概念と呼ばれる（存在、一、善、真、〈或るもの〉、〈もの〉の六つ）。非物体的なものは存在者ではない。外にも内にもなく、主語述語形式の命題の中に取り入れると、肯定否定、いずれの述語も排除するようなものとして記述されることになる。アヴィセンナが「馬性は一でも多でもなく、馬性以外の何物でもない」と述べたことは、この事物の圏域を踏まえている。ストア派が開いた〈語りうるもの〉の領域は、新プラトン主義を経由して、中世スコラ哲学に流れ込み、大きな潮流をなし、近世に入って表面から消え、二十世紀に巨大な伏流水としてドゥルーズにおいて現れる。しかし、この重要な概念は軽んじられてきた。マイノング主義やイスラーム哲学などにおいても、この論点は繰り返し述べられてきたことだ。

ここで記号論の三項図式を示しておく必要がある。表面の形而上学を理解するのに役立つのだから。ドゥルーズは、いたるところで、アリストテレス的枠組みに反旗を翻す。記号論の三項図式、アナロギア、質料形相論、実体論などなど。

ドゥルーズは『意味の論理学』の第3セリーで、ストア的な四項図式の記号論を展開する。これは画期的だ。しかし、その前に、三項図式の記号論を基礎勉強しておかなければならない。さもなければ、四項図式は胡乱《うろん》なままだ。

命題の意味論はどうなっているのか。記号論的図式であれば、(1)表現されるものとしての事物、(2)表現するものとしての概念、(3)記号、というように三項図式で表現できる。これはアリストテレス『命題論』の冒頭にも登場している図式だ。しかし、命題の場合には三項で十分なのか。

「人間」という記号（文字、音声）があり、それが〈人間〉という概念と学習や規約を介して結びつくようになり、その概念が《人間》という個々の事物に自然的に結びつく。なぜ自然的に結びつくかと言えば、実物としての《人間》を観察した後の視覚表象から、概念が形成されるからだ。事物から概念への自然的記号関係と、概念から記号への人為的な関係という二重の記号関係から出来上がっているのが、アリストテレス的三項図式である。

命題に置き換えると、(1)意味、ないし命題が表現するもの（le sens, ou l'exprimé de la proposition）、(2)指示されたもの（le désigné）、命題の中で表現されるもの、(3)表現するもの、指示するもの（les exprimants ou désignants）。

事物―概念―記号という三項図式が現れている。「馬」という記号が、概念としての〈馬〉を表示し、それが事物としてのウマを指示するという図式を考えるとよい。しかし記号は多義的に解釈される。「馬」が、文字そのものを指示するのか、音声を表示するのか、概念なのか、ここのウマなのか、普遍としてのウマなのか、さまざまに解釈できる。それを記号の機能として分類したのが、中世の「代示」（suppositio）の理論だった。その代示の理論は、結局のところ、記号の意味は命題の中で考えられるしかないために、命題理論が先行するのだ。たとえば、「馬が走る」という場合、「馬」という漢字そのものがCGで走るように動くのか、普遍としてのウマが個物のウマと同じようにイデア界を疾走するのか、個々のウマが牧場で走るのか、いろいろの解釈は可能だが、普通の条件で真となる条件が考察されることが多い。

問題は、記号論の三項図式を越えて、ドゥルーズが第四項を出していることだ。これは是非とも理解しなければならない。

3　非存在と意味

『意味の論理学』における記号論は、アリストテレス的存在論や記号論を基礎としたものではなく、ストア派の独自の記号論を基礎としている。ストア派の存在論は、重要性が認識されるまで時間がかかったが、イスラーム哲学への影響関係を見ても分かるように、広く影響を及ぼしたのだ。特に、命題の指示対象における非存在者性の契機を明るみに出したことはマイノングの立場にまで連なる大きな流れの源泉として考えられる。ドゥルーズは『意味の論理学』においてそういう大きく長い流れを途中まで示そうとした。ルイス・キャロルに立ち寄ったために、その歩みは途中で止まったように見えるのだが。

非存在者性の契機は、ストア派において、存立（ヒュピスタナイ）として語られた。似たような言葉に、成立（ヒュパルケイン）というのがあってこれは既にアリストテレスにおいて術語的に使用されていた。存立と成立は同義的に使用されることが多いと確認されている。存立は、事物について適用されるのではなく、「ソクラテスは音楽家である」という事態や命題に適用された。命題や事態に存在を適用することは奇妙なカテゴリーミステイクを引き起こす。「ソクラテスはここに存在していない」というのはよいが、「〈ソクラテスはここに存在していない〉という命題が存在していない」ということはおかしい。

意味の領域が、〈語りうるもの〉にあるとしたら、それは存在しているかどうかではなく、存立しているかどうかにあったのである。

物体には内部と外部はあるが、非物体には内部も外部もない、表面の出来事である。これが『意味の論理学』の発端である。この独自意味の領域に参入してしまえば、唯一者が存在しているとも存在していないとも言うことに大きな支障はない。十四世紀の唯名論者ニコラウス・ドートルクール（オートルクールのニコラウス）が述べた「神が存在する」と「神が存在しない」は同義である、ということは理解しにくいことではない。

物体的なものにおいては、原因と結果がある。しかし、非物体的なものにおいては、原因と結果の関係はない。

非物体的なものにおける存立ということは、存在と非存在を超えたものであるから、マイノングはそれを「超存在（Aussersein）」と述べた。近世初頭の十七世紀には、それを先取りするかのように存在と超存在を両方包括する分類が考えられ超絶超越概念（supertranscendentalia）として、ドイツにおいて論じられたのである。この系譜にあるのが、グノストロギアの流れであり、それを継承したのがカントだった。理念（理性概念）とは超絶超越概念の系譜を引き継いでいる。

超存在ということは、存在と非存在をめぐる審級を物質的な現実世界に限定しない思考に根ざしている。物理的に存在するか存在しないかということが問題になることなく、リアルなものは多数見出される。「出来事」というものもそうだ。命題の表すこともそうだ。たとえば、机が硬いことはその根拠が目の前の事物に備わっていて、エビデンスがあると思う。しかし、机がバナナでないことや机が鶏でないことも事実であるのに、そういった事態がどこにあるのか、いやどこかにあると考えること自体が、物質的な面から、時間空間的に規定された世界を考えているだけではないのか。存在しないことがリアルすぎることは日常茶飯事のことだ。非存在者の領域は極めて広く、そしてリアルである。

ドゥルーズがストア派に大きく依拠した理由は、彼の思想における出来事論という視点が大きかったためだろう。意識の中の出来事として、受動的総合や持続や内在平面ということがあるのだ。その際、リアルであるということは具体化や物象化ということではなく、実現の逆方向で考えるべきだというのは、重要な発想だ。反‐実現というのは、そういうものの一つだ。「反‐実現は何ものでもない。反‐実現だけを操作して、到来することがありえたかもしれないことに値すると称するとき、それは道化役者の反‐実現である」(LS:188 邦訳 LS1:280)

ドゥルーズは、意味のパラドックスを語る場合に、中世末期の唯名論者の議論を使用する。ニコラウス・ドートルクールがその代表的な人物だ。「中世のヒューム」と言われる懐疑主義者であった。唯名論と懐疑論とは結びつけて論じられることも多く、「神が存在する」と「神が存在しない」は同義だという主張を見ると、無神論者か、または命題の真偽を認識することができない懐疑主義者に分類されるのは分かる。しかしそこには悪意ある唯名論理解が潜んでいるように思われる。唯名論とは何かという問題に踏み込むと大幅に道を逸脱することになるので、踏み込まないが、唯名論は哲学の領域を拡大し、非存在者についての様々な扱い方を提案し、名辞中心ではなく、命題や関係の重視と、哲学的思考においても基礎を命題や関係に乗り換えようとした思想運動と捉えた方が良い。唯名論とは非存在についての形而上学なのだ。ただ、にもかかわらず、人間の捉え方としては個体主義的だったのである。

話を戻す。ニコラウスも唯名論者とされるが、彼の立場は唯名論の祖オッカムとは異なっている。一三四〇年ニコラウスは異端嫌疑を受け、審判の結果、一三四六年に著作を焼却することを命じられる。複合的意味対象（complexe significabile）は、無であると述べたのが彼だ。複合的意味対象とは、命題が意味する対象のことである。十三世紀の意味論では、名辞の意味するもの、正確には指示するものは何かという問題が論じられた。十四世紀になると、命題の意味と指示対象〈意義〉を区別する議論が出されたのである。命題も複合的記号であるので、その指示対象も複合的であると論じたのが、オッカムだったが、その後、命題の指示対象は、それ自体で複合的であるのではなく、あくまで複合的な記号表現で表されうるものという、規定されないままでの対象として整理されるようになった。命題が指示するものは物理的な存在者である必要はない。そこで、非存在者を指示するというようになった。端的な非存在者ではないので、それは〈理虚的存在〉とも言われたのである。そのように考えると、「神が存在する」と「神が存在しない」は同じものを指示する、というのはそれほど奇妙な主張ではない。もちろん、両命題の意味は異なったのであり、無神論の主張の妥当性が問題となっているのではない。

ニコラウス・ドートルクールの思想は、彼が異端弾劾を受けたこともあり、その上、著作があまり残っていないために、「神が存在する」と「神が存在しない」とは同義であるという部分だけが流布してしまった。こういう中世末期の懐疑論的傾向は、記号や意味をめぐる高度に論理的な考察を踏まえているのは確かである。こういった思想史の流れをドゥルーズは師のガンディヤックから学んだのは確実である。ガンディヤックの専門分野の一つに中世末期の唯名論の流れがあったのだ。

非存在者論は、中世末期では〈理虚的存在〉としても論じられた。たとえば、オッカムの次のテキストは、ニコラウス・ドートルクールの思想系譜と同じものではないが、当時の存在論的雰囲気を示している。

虚構（figmenta）は神によって創造されることが可能なものである。虚構は真なる実在的存在（entia realia）だからである。同様に、嘘（mendacia）も、不可能なもの（impossibilia）も、〈理虚的存在〉も実在的存在であり、神によって創造されることが可能である。（オッカム『七巻本自由討論集』註解Ⅱ』、渋谷克美訳註、知泉書館、四五頁を踏まえ引用者訳）

オッカムの考えでは、精神における命題や推論や名辞は〈理虚的存在〉であり、しかも事物の世界において真に実在的に存在するものであり、いかなる物体的な性質よりもより完全でより実在的な存在なのである。概念や命題は精神内のもので、それは実在的で個体であるというのが、オッカムの唯名論の正体なのである。ドゥルーズはオッカムに積極的な関心をあまり持っていないから、これ以上論じる必要もないが、ドゥルーズが中世末期の唯名論の流れを継承しているのは確かであり、ドゥルーズは明確に現代における唯名論者なのである。このような理解の元に哲学史の書き換えが可能なのか、それが無理筋であるとしても試みられるべきものである。もちろん、唯名論という名称を残すとした場合の呼称であり、唯名論という名称を残すべきか、それは大きな別問題である。

ニコラウス・ドートルクールを巡っては異端論議が起こった。「「神が存在する」と「神が存在しない」は同義である」、「「神と被造物は或るものではない」、「「神と被造物は区別される」という語の複合によって複合的に意味されるものは無である」といった諸命題が偽であり、異端的であると弾劾されている。

ニコラウスは、複合的意味対象は無である、と述べることによって、「神が存在する」と「神が存在しない」が同義になるなど、キリスト教としては許容しがたい命題を述べたとされている。このように述べたニコラウスのテキストは残っていないし、おそらくそのようなことは述べなかったのだろう。

複合的意味対象としては、「出来事」を考えればよい。「ニコラウスがここに来ていない」こと、「黒いものは白くない」というものでもよいが、それらが現実に存在している事物を意味しているのではない以上、「無」を意味しているということは奇妙なことではない。「神が存在する」と「神が存在しない」は両方とも無を意味し、したがって同義であるということにはなるはずもないが、それに難癖をつけたのが異端嫌疑だったのである。

これだけの思想史探訪では、まだカバン–語にたどり着かない。もう一つ重要なのは、記号表現の表面に現れる「無–意味」な次元なのである。

無–意味の次元を豊かに作り上げたルイス・キャロルが取り上げられるのは当然のことだ。スナーク、スネークとシャーク、つまりヘビ＋サメという合成語。スナークは無（nihil）だ。しかし、豊かな表象を喚起し、世界の中を飛び回る。

カバン–語とは、複数の語を縮約して複数の意味を包含している語だ。たとえば「湯気怒った」（＝湯気立つ＋怒った）というように。スナークもまたカバン–語だ。snake（スネーク：蛇）とshark（シャーク：サメ）からのカバン–語だ。カバン–語は意味構成の手続きはあるが、その語が出来上がるとその語から意味は消え去る。単語はインクの染みという無意味なものではなく、何か意味を伝えるためにあるもの、意味を伝えることを目的とするものと考えられている。ところが、二つの単語が目的から逸れて融合し、怪物や非存在者の表象を送り届ける場合、単語は奇妙な遊戯を始めてしまう。ジャバーウォックなどのノンセンスは楽しい限りだ。意味から乖離した、または遊離した音の魅惑は、無意味ということではなく、意味へのパラノイア的拘束から免れて自由になる。

目的を持たないもの、それ自体が目的であるものは、何のために、「なぜ」という問いをすり抜けて存在する。ヴァレリーが舞踏と言い、アリストテレスがエネルゲイアと呼び、キリスト教神学が享受と呼んできたものはすべてこの同じことに収斂する。人間はいつも同じことを求めてきた。それが、「なぜ」という問いや意味や目的に収奪されてしまってきた。スピノザの目的論批判も同じ流れだ。ルイス・キャロルもドゥルーズも、そういった意味や理性や目的達の略奪に抵抗する人々だったのだ。

記号論の三項図式に対して、ストア派は第四項を提示した。その第四項は、事物の羈絆《きはん》を脱し、存在／非存在の二項対立からも独立だ。

ここで重要なのは、語レベルであろうと命題レベルであろうと、基本的図式として三項図式が出され、それに対して第四の次元が出されていることだ。第四の次元は、『差異と反復』においては、強調されてはおらず、むしろ『意味の論理学』で明示的に扱われる。

第四の次元は、「意味」として、ストア派の記号論を介して導入される。しかしこれは哲学史的に見て奇妙奇天烈な発想なのではない。すでに十四世紀の人々は、命題の意味論において、複合的に表示されるもの（comlexe significabile）というものを考えていた。そして、この不思議な理論の枠組みを研究したのが、ユベール・エリ（一八九六〜没年不詳）の『複合的に意味表示されるもの』（一九三七、原著は *Le significabile complexe* でラテン語表記だったが、現在は *Le signifiable par complexe* とフランス語の題になった）という研究書だった。ドゥルーズはわざわざこの書に言及を行っている。この本もガンディヤックから学んだのだろう。

意味は命題の第四次元である。ストア派が、意味を出来事とともに発見した。意味とは、命題の表現されるもの、事物の表面の非物体的なもの、還元不可能な複雑な存在者性、命題の中に存続ないし存立する純粋な出来事である。十四世紀に、オッカム学派のグレゴリウス・ド・リミニとニコラウス・ドートルクールが、二回目にこの発見をする。十九世紀末に、偉大な哲学者・論理学者マイノングが、三回目にこの発見をする。(LS:30 邦訳 LS1:46)

このグレゴリウスという人物こそ、後に「唯名論の旗手 (antesignanus nominalistarum)」と称され、ルターの神学への大きな影響を与えた人物だ。この「唯名論の旗手」という表現は一五一七年に登場するもので、しかも極めてバイアスのかかった表現であり、普遍に関する理論を踏まえていると考えられる場合も多いが、グレゴリウスについては根拠があると私は思う。

ここで言われる「意味」は、或るもの (aliquid) とも言い換えられるものだ。この「或るもの」とは何気ない表現だが決定的に重要な概念だ。ストア派では ti (ティ) とギリシア語でいわれ、アリストテレスの存在論=オントロギアに対して、ストア派の重要性を重んじてティノロジー (tinologie) という名称が考案されたほどだ。翻訳すれば「或るもの論」ということになる。このネーミングは、ほとんど流通しなかった。ここでは話題として言及する。

だが、なぜティノロジーが重要なのかを考えてみると、「或るもの」は、非存在や無をも含んでいるから、存在を拡張して捉えようとする場合には、存在論に留まっていてはいけないのだ。非存在や無を含む以上、「存在論」という名称は使えないのだ。ティノロジーの系譜は、私の理解では十七世紀のグノストロギアにも流れ込み、カントにも太く流れ込んでいる。ドゥルーズは、マイノングに注目するが、予想以上に太い流れなのである。西洋哲学の表街道はオントロジーだが、裏街道はティノロジーであり、実は裏街道の方が主流なのである。ティノロジーの四天王を考えよというのであれば、他の三人はともかくとしてドゥルーズは確実にその一人になる(なお他の三人とは、アフロディシアスのアレクサンドロス、リミニのグレゴリウス、アブラハム・カロフだと思う)。ドゥルーズはティノロジストなのである。

非存在をめぐる思想は西洋哲学では徹底的に抑圧されてきた、しかし東洋哲学やアラビア哲学では歓迎されてきた。非存在者の形而上学、無の形而上学が太く流れ込んでいるのだ。ドゥルーズは、その非存在論とでもいうほかないようなものを導入しているのだ。そのことは、ドゥルーズからすれば、プラトン自身が、プラトニスムの転倒においてすでに西洋哲学の最初の状態、哲学の萌芽に仕込んでおいたものだ。

そこでは、存在は最高類ではなく、存在の外部に非存在を持つ。つまり、非存在も存在するとは言えないまでも、何らかの意味で「ある」とは言えるのである。最高の項は、〈存在〉ではなく、〈なにものか〉、或るもの＝何か(aliquid)である。存在者と非-存在者を包括する類として、或るものが登場してしまうのである。もちろん、これはパラドックスを生み出さずにはおかないし、人間の理性をとことんまで狂気に送り込む。

ここでは、表象＝再現前化という西洋形而上学を支配してきた枠組みへのドゥルーズの批判がある。存在とは同一性の根源であり、この概念こそプラトニスムと重なる。しかし、ドゥルーズはプラトン自身がプラトニスムを転倒したと語る。

否定は存在の内部に含まれるものなのかと言い換えてもよい。非存在は存在なのか。非存在者は存在するとはさすがに言うわけにはいかないが、非存在者はリアルなものである。プラトンにおいても、このことは気づかれており、「ない（否定）」や非存在者を、「何か」や「ある」から除外することはイデア論の大前提でありながら、それを逸脱する事態への注意喚起がなされ、そういう問題がソフィストの側から出されていたことを、イデア論に対する根本的挑戦として考えていたのである。

だからこそ、プラトン『ソフィスト（ソピステス）』の一節には、次のようにある。

> 「ない」は「何か」（τι）に帰せられるべきではない。というのは、「何か」は常に「ある」（ὄν）について語られるからである。何かを語る人は、何か一つのこと（ἕν τι）を語っており、何でもないもの（μή τι）を語る人は、何一つ（μηδέν）語っておらず、そもそも語ってさえいないことになる。（プラトン『ソフィスト』237D、納富信留『ソフィストと哲学者の間』名古屋大学出版会、二〇〇二年、一七九頁に依拠する）。

否定とは外部を意味する。したがって、非存在は存在の外部にある。すると、非存在と存在との間の一義性や共通性がなりたつということはない。しかし、存在の最高類と逆に末端における個体においては、その外部は存在しないがゆえに、否定がその外部に残り続けることはできない。ではどうすればよいのか。最高類や個体においては、外部はその限界の内側に組み込まれるしかない。この問いは、中世を通じて論じられ、近世に入っても、カントにおいても論じられた。

なぜ『意味の論理学』が、無‐意味に拘らざるをえなかったのか。それは、個体化の始原にある状態としての特異性を取りだし、それを《理念》として描き出すためだったのだ。特異性が《理念》としてあること、特異性は、前‐個体的であり非‐概念的である。

特異性は、個人と集団、人称と非人称、特殊と一般に対して、また両者の対立に対して無差別である。特異性は中立的である。(LS:67 邦訳 LS1:104)

ここでも、特異性は前人称的で中立的だ。〈動物そのもの〉の中立性と重なる事態がここにも現れている。中立性の領野は潜在的であり、齟齬と落差とポテンシャルと強度をもった平面なのである。

4 無意味論の行く先

愉快な無意味論が、ルイス・キャロルの『不思議の国のアリス』『鏡の国のアリス』『スナーク狩り』にあった。しかし、前章で見たように、キャロルの無意味論にはアルトーからの激しい攻撃が加えられた。

その両者の間にドゥルーズが位置している。これら三者の関係についての高橋康也の記述は深く鋭い。

アルトーが《深層のノンセンス》に属すとすればキャロルが《表層のノンセンス》を代表するのは明らかであろう。なるほどキャロルにも《精神分裂病的なもの》が存在する。アリスの身体の伸縮、狭い部屋への出入、食物への明らかな（そして排泄への潜在的な）偏執、自我の同一性の喪失……ドゥルーズは言っていないが、おそらくアリスに《断片化した器官》とその言語を、ハンプティ・ダンプティに《栄光の肉体》とその言語を見、そこに自己の分裂病的問題の所在を見出したと信じたからこそ、アルトーは「ハンプティ・ダンプティ」一章をあえて訳したのではないか。（高橋康也『ノンセンス大全』三一三〜三一四頁）

しかし二人を分かつ深淵の深さはアルトーの訣別の辞の激しさに示される。一方には、「深層の受苦者、文学における絶対的深淵の最大の体現者」がいて、他方には「表層の支配者、《意味《センス》の論理》の彫琢者、絶妙な平衡感覚による遊戯者たるキャロル」（前掲書、三一四頁）がいて、両者は相まみえることはない。

それにひきかえ、二つの領域の間を往復できる《注解者》とは、いずれにも住みつくことのできぬ哀れな幸福者にすぎないのではないか——ドゥルーズがそう自嘲するとき、われわれもまた自分の《幸福》を見すかされたような気がする……。（前掲書、三一四頁）

高橋康也は、ここでキャロル、アルトー、ドゥルーズという三者に加えて、テキストの手前にいたままテキスト内部での苦悩を高みから観賞している読者、との四者関係を記述している。しかし、命題の意味に第四次元があるとすれば、読者もまた第四者としてそこに関与していると言えるのかもしれない。

ドゥルーズは、キャロルとアルトーに関連して、「註釈者だけが次元を変えることができるわけだが、それこそが、註釈者の最大の弱みであり、註釈者がどの次元にも住んでいないことのサインである」(LS:114 邦訳 LS1:169-170) と語る。隔絶した二人のいずれにも接近できない註釈者としての立場にあることに少し苦しんでいるようにも見える。われわれは、キャロルとアルトーとの決裂について、一方の味方をしなければならないわけではない。ドゥルーズとともに中間の道を歩んでいけばよいと思う。アルトーとキャロルの間における嵐のごとく吹き荒れる類似性と、非対称的な憎悪と嫉妬の関係はとても面白いし、そこにドゥルーズがどっちつかずに中間者としてぶら下がっている姿もとても面白い。思想史は、潔く旗幟鮮明であることが尊い姿ではない。そんなものは兵士・戦士としての姿の理想を追求したギリシア的倫理学の理想だ。アジア的倫理、農民的倫理があるとすれば、善悪二元論的倫理に立たないことも大事だと思う。

無意味さということが、哲学的に語るべからざることでもなく、表立たないながらも、中世スコラ哲学以来、いやストア派以来、大きく継承されていることは確認すべきなのだ。それを思想史的に説明することは時間がかかることだ。ここでは、無意味について、振り返りながらまとめてみたい。

ルイス・キャロルには、実体性の否定、現実世界の持つ深さと立体性への拒否があり、これはアリストテレス的存在論と対立するものであり、ドゥルーズが伝統的な正統派哲学に反旗を翻したこととと重なり合う。

ドゥルーズがアルトーに深くかかわったのは、彼のテキストに統合失調症の本質が顕現したからだろう。

「苦悩の子宮内存在」とアルトーは語る。子宮内存在、性器的カテゴリーへの拘りは、統合失調症者の表象世界に見出される、表面に無数の小穴が穿たれていてたえず拡大していくという強迫的心像の世界だ。身体は茶漉し器、ストレーナーのような存在だ。若い頃の自己臭強迫も同じだろう。小穴だらけの身体は聖霊が一時的に宿り、通り過ぎていく宿舎であれば、身体は多孔性を持たなくてはならない。中世の聖霊主義者は現代では狂気の人と見なされる。近代の方が過度に人間を閉鎖的モデルで捉えているのではないか。

キャロルには、表面を深く読み取る形而上学があった。「表面には、意味の論理のすべてがある」(LS:114 邦訳 LS1:170) と言う。内部によって裏打ちされていない表面、人称性とも個人性とも無縁で、表面を支える内部ということではなく、表面において、表面においてのみで成立する出来事の成立が問題とされる。「最も深いもの、それは皮膚である」(LS:126 邦訳 LS1:188) という論点はキャロルにおいて高揚する。

ドゥルーズは『意味の論理学』において、無 - 意味を扱う。これは表面と無 - 意味を扱う記号論だ。不思議にも、これは中世の記号論の流れと重なるところがある。それはとても面白い流れだ。無－意味や非存在が世界に組み込まれる過程が問題となっていて、これこそ普遍論争と結びつく世界なのだ。

「最も深いもの、それは皮膚である」、この言明は特殊な形而上学を前提しているところと、二次元的世界に住む、「リア充」から離れた存在様式との両方を含んでいる。

ルイス・キャロルと「表面の獲得」が、入口の難関だ。そして、それが「意味と無－意味」の交錯とつながり、ストア派の記号論に結びつく。これは途方もないことではない。

無(nihil)を表現する概念が中世にはあった。複合的意味表現(complexe significabile)という枠組みだ。それをドゥルーズはおそらくガンディヤックから学んだ。

リミニのグレゴリウスは、唯名論者として有名で、ルターへの影響でも知られる。彼が唯名論なのは、普遍の実在性をめぐってというよりも、神の絶対的能力という、教会の権限をめぐる問題についての唯名論であった。ここでは、そういう後期中世哲学の錯綜に入ることはできないが、ドゥルーズの議論との関連で重要で、ガンディヤックも指摘しているのは、命題が意味するものは何か、という論点である。

表面しかない二次元世界と、無－意味の問題と、出来事の理論と、シミュラクルと、特異性と個体化の概念群が結びつけばよい。それほど困難なミッションではないかもしれない。言語と無意識の結婚、意味と無－意味のゲームを示せばよいから。そして、「意味は実在しない存在者性である」(LS:7 邦訳 LS1:13)という言葉があるのだから。

第六章

特異性と個体化との相克

個体化とは何か、そこから語り始めよう。前章の非存在者論、無意味論から飛躍したように見えるかもしれない。予め述べれば、〈此性〉ということがここにおいて思いの外、結びついてくるはずだ。ともかくも、近代を中世から分かつ指標として個人主義ということがある。中世とは個人ということが抑圧された時期だった。だからこそ、個体という概念は革命という血腥《ちなまぐさ》い暴力によってでも打倒されるべき枠組みを支える基盤となる。個体・個人ということは、存在論の問題にとどまらず、宗教制度や社会制度にも直結する力を潜在的に含んでいる。

進歩や近代化という歴史の発展と結びつきやすい。だからこそ、個体化論や個体性の原理ということには、ロマン主義的な甘い匂いが立ち込めやすいように思える。個体化ということを非難する人は見たことがない。私自身も近世のライプニッツにあった個人主義の起源を遡行してアッシジのフランチェスコに辿り着き、その流れを汲んだドゥンス・スコトゥスの個体主義に入り込んでいった。ロマン主義的な雰囲気をそのまま吸い込んできた。個体化という問題への憧れは、人生における「自分探し」と結びつくと予感する人が多いのかもしれない。甘い幻想なのかどうか、批判的に見定める必要がある。

ドゥルーズは、『差異と反復』のなかで、個体化という問題を中心に配置しているのは確かだ。強度は個体化を遂行するものであり、強度量は個体化のファクターであると述べる。とても魅力的な記述だ。精神や身体において体験される強度こそ、個体化のファクターだというのは、興奮や快感や情念やら激しい体験が個体性を構成するという神話を裏付けしてくれるかもしれない。

個体性とは、その個体性を構成する諸強度において差異を即自的に含み肯定するものなのである。最近、ジルベール・シモンドンが指摘したところによれば、個体化は、何よりもまず、或る準安定状態、すなわち或る「齟齬のはたらき」の存在を前提としている。（DR:317 邦訳 DR2:207）。

この箇所を理解することは容易ではない。しかし、ここですでに個体化を論じるべき方向性が示されているように思う。

個体化の問題は、〈此性〉とも結びつく。ドゥンス・スコトゥスが語り始めた〈此性〉も、それ自体で魅力的な概念だ。そして、この〈此性〉はスコトゥスが主張したものであり、存在一義性と結びつく。ドゥンス・スコトゥスにおいても一義性と〈此性〉との関連は難しいし、個体化という問題そのものが、魅力的でありながら少し踏み入ると錯綜している。ということは、ここで、個体化論の流れを大まかにつかみながら、ドゥンス・スコトゥスの位置と、それに対するドゥルーズの立ち位置を確認したうえで、ドゥルーズの個体化論を、シモンドンからの影響関係を見定めたうえで整理する必要がある。なかなかいや、途方もなく大変な作業だ。

I　個体化の問題

ドゥルーズの個体化論はシモンドンの影響を強く受けている。中世哲学の個体化論をめぐる長大な歴史を見てくると、シモンドンの立場は、非アリストテレス的であり、特にその質料形相論的な図式を批判することに一つの眼目がある。ただし、シモンドンからの影響関係から話を始めるのは、ドゥルーズの個体化論の意味を見えにくくしてしまう可能性もある。シモンドンの個体化論が、古代哲学から論じられ、中世哲学で盛んに議論された問題に対してどのような位置に立つのか、ドゥルーズはシモンドンをどのように評価しているのか、個体化論の歴史的系譜について大まかであれ、展望を持つ必要があるのだ。

その際、起源に来るものとして、ソクラテス以前に探る手もあるが、やはりアリストテレスを起点とするのが分かりやすい。アリストテレスの質料形相論は、いかなる限定をも受けていない質料に、規定性が加わることで、特殊性が増え、最終的に個体に至るという枠組みを前提にしている。その際、形相は、述語として現れ、普遍でもあり、したがって普遍が蓄積されて行くにつれて、個体へ接近するという枠組みなのである。

しかしながら、純粋に無規定的な質料というのは、自然界にあるのかどうか。純粋鉄や純粋な水素気体はそういう質料になるかもしれないが、人間が人工的に精錬したり、抽出しなければそういう純粋な事物は得られないだろう。質料形相論という発想が技術論を前提しているようにも見える。また無機物の世界でなく、生物の世界に目を転じると、生物の世界は既に様々に分節された身体を有している。受精卵のたった一個の細胞の状態でも十分に複雑な多様性を備えている。質料形相論は自然発生的に考え出されるものではない。だが、それは哲学的枠組みに定着しやすい特性を有していた。

質料形相論と個体化論とは重なりやすく、アリストテレス的個体化論は正則的な位置を占めてきたのである。つまり、個体化を考える場合、まず、主語として、無規定的な純粋存在を置き、それに或る規定が付加されると類・種が成立する。そのような過程を通して、個体にたどり着くという枠組みは分かりやすい。言い換えると、質料形相論と個体化論とが重なるのは、アリストテレスのカテゴリーの枠組みを踏まえた存在論においてなのである。だからこそ、アリストテレス自身が個体化にこだわらなかったとしても、何の不思議もない。中世のスコラ学者は、アリストテレスが仕上げなかった理論を完成しようとした。とりわけ、トマス・アクィナスは個体化論において、画期的な進歩をもたらした。というのも、認識のプロセスと逆方向の過程に、個体化論を作ったのだ。トマス・アクィナスは、因果性に基づく新しい認識論と、存在論の場面にその逆操作を持ち込み、個体化論を作り上げたのである。その慧眼、恐るべし。

トマス以降、中世哲学において様々な個体化論が現れる。ほとんどの理論は質料形相論を乗り越えようとする。具体的な経験に即する限り、経験の中に与えられているのは、個物だけであり、普遍などは経験の中にはない。にもかかわらず、言語や教育によって、普遍によって現実を認識し、それを言語化し、生活が成り立っているのだから、普遍を先行させて語るしかない。それどころか、普遍を先立てて考えてしまう。人間は普遍を先立てるように躾けられる。ドゥルーズは、そういった普遍による躾を嫌う。

アリストテレスの枠組みは、個体発生（ontogenèse）と系統発生（phylogenèse）を重ねて論じるものだ。生物学の発生論の枠組みと重なるところがある。だからこそ形相による個体化という伝統的な枠組みとの接続がうまく行ったのだと思う。生物学的分類が、形相的規定の付加による分類の細分化と対応し、個体化が分類の細分化の最終的極点であるというのは分かりやすい。つまり、類＋種差＝種と、種＋個体的差異＝個体との間の対応性を基本原理とすることで、存在論に関する大きな決断がなされてしまっているのである。もちろん、或る程度の対応関係はありながら、それをはみ出す論点があり、それを論じるのが中世の個体化論だった。アリストテレス的個体化論の枠組みを乗り越えることが中世個体化論の課題だったのだが、なかなか顕在化することなく、唯名論が個体化の原理の不要性を強調するまで個体化論は継承されたのである。シモンドンもまた、アリストテレス的な個体化論を徹底的に否定することを出発点としている。これは強調しておいてもよい。

個体発生と系統発生について見ておく。アリストテレスの存在論は、動植物の分類論を基礎とし、その分類論が発生論を踏まえている。原生動物から原生生物、植物、動物に分かれ、それぞれがさらに分類されていく。

普遍的なものが分化して特定の種に限定され、その種のさらなる末端にもろもろの個体が生じていると考えることができる、そして、そのこともまた、受精卵の細胞分裂によって個体発生に至る中で、系統発生と対応するような変化を示すことは生物学で習う事柄だ。個体発生は系統発生を反復するのである。

個体発生と個体化が基本的枠組みにおいて対応するとすれば、系統発生と個体発生と個体化は対応しあうものとなる。アリストテレスが生物分類論と存在論で語ったことは、進化論登場以前のことであり、系統発生と個体発生という枠組みで整理することはできないのだが、普遍的なものに限定が付されることで下位の種が語られるという特徴を有している。つまり、生物学の分類法と存在論の枠組みは対応しているのである。

個体発生（ontogenèse）とは、言葉を分析しても見えてくるように存在者（on）の生成（genèse）を語るものだ。ドゥルーズは、シモンドンの個体化論を踏まえる。シモンドンの個体化論の最も重要な点はアリストテレス的個体化論、スコラ哲学的な個体化論を逆転したことだ。普遍的なものが原初的にあって、それに限定が付されることで個体が成立するという枠組みが否定されたのである。アリストテレス的な個体化論の典型として、十八世紀のヴォルフの定式化が思い起こされる。ヴォルフにとって個体化は、汎通的規定（omnimoda determinatio）、つまりあらゆる点における限定規定によって個体化が成立するとされたのである。しかしながら、そういった概念的な規定だけでは個体は限定できないということが、ライプニッツの可能世界論としてあった。つまり、概念的規定によっては捕まえられない側面が個体化にはあるということが、可能世界論の一つの論点だったのである。ヴォルフは、ライプニッツ＝ヴォルフ学派を担い、ライプニッツの思想を継承したと整理されるが、継承したのは一部分にすぎず、個体化論については外しているのである。

個体化が、もし伝統的な哲学的議論としての個体化と同じであるとすると、ドゥルーズは哲学史に取り込まれた思想家ということになりかねない。中世哲学における個体化論を追いかけて分かるのは、中世後期における唯名論の主張とは、個体化の原理は存在しないということだった。個体を重視することと、個体化を論じることとは全く別のことなのである。これはきわめて間違いやすいところだ。というのも、個体化とは、普遍的なものが先行的に与えられていて、そこに何ものか、個体ではなくて、一般的なものに帰属するが個体化への移行を引き起こすものが付加されて、個体が成立するということを含意している。個体を重視するものは、個体が先行すると考えるから、個体化論に懐疑的な態度をとるのである。

個体化論への懐疑的な態度は、オッカムにおいて明確に主張されるようになるが、すでに十三世紀のオリヴィなど、個体化の原理を否定する人々は見出されるのである。そしてドゥンス・スコトゥスの個体化論も個体重視の流れにあり、半ば以上唯名論に足を踏み入れていると私は判断している。〈此性〉を語ることは個体化論を完成しているのではなく、個体化論を破壊し始めていると見ることができる。

ドゥルーズの個体化論も、『差異と反復』における個体化論の議論においても、伝統的な意味での個体化は論じられていない。

アリストテレスの存在論は普遍先行型、実体先行型の存在論なのだ。つまり、実体があって、それを主語として、それについて述語が与えられることで本質認識が成立する。何であるかが概念的には認識されていないものが、概念の内に取り込まれる。「〜とは何か」という問いに対して答えが与えられる。しかし、事物の認識は、そのように概念が徐々に積み重ねられることで成立するわけではない。窓の外に見えた不審者の顔貌を、何であるかは分からないとしても、具体的かつ詳細に経験している。概念として述語に取り込まれ、他者に伝達できるようにはなっていないわけだが、経験は成立している。

言語における認識の展開と、経験における認識の進展は必ずしも対応しているわけではない。同じことは、顔と顔とを合わせた他者認識においても現れる。顔を見た瞬間、我々は誰であるかを認識できる。しかし、顔貌の内に他者をして他者たらしめる証拠や規準を求める者は、顔貌失認に陥る。顔を通じて、他者を認識することは、その人の顔の特徴を積み重ねて、一致する確率を計算することではない。〈此性〉とは、個体性全体に対して与えられる、概念や述語の痕跡のごときものだ。言葉は、一般的なものを端緒として、それに限定を加えていくことで積み重ねられていると考えられがちだから。

アリストテレスは、個体認識を「トデ・ティ（何かこのもの）」として、言語的秩序の外部に置く。個体は言語の前にあるもの（先言措定）として持ち込まれる。普遍先行型の枠組みでありながら、基礎的存在者として、個体が置かれている。知性において思考すれば普遍が先行し、感覚に基づくと個体が先行するという枠組みがここで成立する。言葉や論理は普遍先行型だから、個体化論は普遍を何が限定することによって個体が成立するのか、というのが標準的な議論の形式になるわけだ。

アリストテレスやトマス・アクィナスはいずれもそのような枠組みで議論を進め、彼らの議論は規範的なものとして継承されていく。彼らは〈象徴的父〉であり、それに屈服することが「正統・正常」であることであるとすれば、反旗を翻し、狂気の者、精神病者になることがドゥルーズの課題となる。シモンドンはアリストテレス的質料形相論に反対する。そして、中世哲学の唯名論の流れを援用するのだ。

いやそれどころか、先行する理論を破壊し、新しい概念を創造することが哲学の営みだとすれば、哲学史における伝統への反抗者、いや狂気の者こそ、正しい哲学史家となるだろう。哲学史は書き換えられることをいつも希求しているのだから。破壊されるべきものが、実体、領土、ヒエラルキー、質料形相論であるとすると、その試みが、シモンドンの個体化論に結びつくのは理解できる。


個体化を考える前に、特異性とは何かを理解しておかないと、個体化の問題は捉えにくいかもしれない。特異性はシモンドンにおいて基礎概念となり、ドゥルーズもまた個体化と特異性を区別することで独自の理論を構成した。しかし、個体性と特異性は思想史においては同義的に使用されてきた。もし両者を区別することで、新しい個体化論が得られるとすれば、両者を丁寧に区別する必要がある。

個体というと、我々は、〈自分〉や〈私〉は、世界に唯一の特権的でかけがえのない存在だと思ってしまう。そこに生命の尊厳と個人の代替不可能な価値があると学校等で習う。しかし、人間はどうしようもない逆境の中で死を選んだりする。〈私〉の絶対的唯一性は、〈私〉の世界が成立するために、絶対成立すべき大前提でありながら、それはいかなる基盤を持つものなのか。

ドゥルーズが、特異性を語るとき、特異性（singularité）と対比的に置かれる個体性（individualité）というのは、痕跡として考えられている。本当にリアルなものは、特異性なのだ。

特異性は、非人称性の出来事であり、意識の審級に収まりはしない。ドゥルーズは、「特異性は、真の超越論的な出来事である」（LS:125 邦訳 LS1:187）と指摘する。特異性の重要性をドゥルーズに教えたのは、やはりシモンドンなのだ。

> シモンドンの全著作が大いに重要であると思われる。シモンドンは、非人称的で前‐個体的な特異性について合理化された初めての理論を提出しているからである。シモンドンは、特異性から出発して、生物個体と認識主観との発生を作り出すことを明確に目指している。だから、それは超越論的なものの新しい構想である。（LS:196n 邦訳 LS1:196 註⑶）

個体化の問題もまた、特異性という概念を舞台に登場させて、論じられている。さらに個体化論の舞台装置を詳しく見ていく必要がある。

ドゥルーズとシモンドンの個体化論との間には、ずれがある。なかなか見えにくいのだが、宇佐美達朗『シモンドン哲学研究』（法政大学出版局、二〇二一年）が出されて、両者の違いが見えやすくなった。ドゥルーズとシモンドンは或るところまで一致しながら、途中で離れていく。そして最終的な方向性も違っている。その様が宇佐美の本でうまく示されている。この違いの確認はドゥルーズにおいて、〈此性〉という大事な概念、おそらくもっとも中心的な概念を理解するうえでも重要な論点になってくる。

次の節では、シモンドンとドゥルーズの考えの違いがどこにあったのか探ってみる。

2　シモンドンとドゥルーズ

シモンドンの著作『個体とその物理——生物学的発生』が刊行されたのは一九六四年で、ドゥルーズは一九六六年に「ジルベール・シモンドン　個体とその物理——生物学的な発生」を発表している。そして一九六八年に『差異と反復』、一九六九年に『意味の論理学』を刊行し、シモンドンへの言及もあるし、深く大きな影響を受けていることは明瞭である。このことはドゥルーズ研究において何度も指摘されてきた。確かに、「最も深いもの、それは皮膚である」という形而上学的表面について語られた言葉を、生物学的に、そして物理学的に把握することが可能になるのである。

しかしながら、予めドゥルーズのシモンドンからの離脱を示しておくことは、順番の上ではネタバレになるのだが、その方が話が早い。ドゥルーズは、『意味の論理学』の註において次のように述べる。前半のところは、先程すでに引用したところだが、改めてその後の部分をも付け加えて引用する。

> シモンドンの全著作が大いに重要であると思われる。シモンドンは、非人称的で前-個体的な特異性について合理化された初めての理論を提出しているからである。シモンドンは、特異性から出発して、生物個体と認識主観との発生を作り出すことを明確に目指している。だから、それは超越論的なものの新しい構想である。そして、われわれが超越論的場の定義を試みる際の五つの特徴、すなわち、場のポテンシャル・エネルギー、セリーの内的共鳴、膜の位相的表面、意味（＝方向）の組織化、問題性の地位は、すべてシモンドンによって分析されている。こうして、本パラグラフとその続きは全面的に上記の本に依拠している。ただし、われわれは結論に関してだけは離れる。（LS:196n 邦訳 LS1:196-197 註⑶）

最後のところで「結論に関してだけは離れる」と記している。これはどういうことか。ドゥルーズがシモンドンから引用している箇所の最後のところには、「分極化した膜の水準において、内部の過去と外部の未来が対峙する」とある。この箇所だろうか。

なるほど、ドゥルーズの個体化論は、ベルクソン的な持続概念をも取り込み、時間性の中で展開されている。『差異と反復』は時間に関する三つの総合を基軸としていた。そして、シモンドンには時間論は欠如している。

シモンドンからの圧倒的な影響関係がありながら、そして概念装置を共有しながらも、大きな違いがあるのだ。これは予め注意しておいた方が良い。シモンドンの個体化論と、ドゥルーズの個体化論との齟齬には、ドゥルーズの理論そのものの個体化が宿っているのかもしれない。

この点については既に〈ミニマル・ドゥルーズ〉において見たように、「原理、作用、結果」からなる三項図式を踏まえて話を始めた方が分かりやすいだろう。結果は作用と共にしか存在できず、また作用は原理と共にしか存在できない。三者は共存するものである。反省の原理ではなく発生の原理である。

シモンドンは、個体化を語る場合、個体化以前にある前個体的状況を重視する。「個体は個体化の単なる結果ではなく、個体化の起きる環境なのである」。(ID:120f 邦訳 ID1:180,DC1:258)

環境(milieu)を「始まりと終わりの中間」、つまり「最中」と捉えた方が分かりやすい。個体とは、個体化が生じているプロセスそのものなのである。自分探しが自分探しの最後において見出されるものではなく、自分探しそのものが自分であることと類比的だ。自分の人生の意味を最後に見出そうとする者は、味わうこともせず食べ終わってから「あれっどんな味だっけ」と振り返ることと似ている。

特異性と個体性との峻別はシモンドンの重要な指摘であるし、ドゥルーズがそこに着目したのは慧眼であった。そして、中世の個体化論を見る上で全く同様に重要な論点だ。

この両者の区別は決定的に重要である。特異性は普通、個体性と同じである。しかし、ドゥルーズとシモンドンは両者を区別する。特異性は「前個体的な存在」の状態である。特異性こそ生きた状態であり、個体は祭りの後の燃えかすなのだ。「私とは何か」という問いに対して、答えが与えられてしまえば、それは死んだ状態なのだ。

個体化の前提条件は準安定なシステムが存在することである、というシモンドンの指摘に重要性があるという。その理由が以下のように示される。

> 個体化の前提条件を見つけることで、シモンドンは特異性と個体性を厳密に区別したのである。というのも前-個体的であるとされた準安定状態は完全に特異性を備えており、この特異性が潜在的なものの実在と配分に関連しているからである。（中略）個体的であることなく特異的であること、これがまさに前-個体的な存在の状態なのである。それは差異であり、不調和であり、不均等である。(ID:121 邦訳 ID1:181, DC1:259)

この箇所には注意が必要だ。特異性と個体性を区別するのはよいとしても、どうしても、特異性という前個体的実在を実体化してしまいたくなるからだ。前個体的実在を実体化してはならないというのは、シモンドンの根本であるし、ドゥルーズもまたこの点から逸脱しているわけではないが、注意が必要だ。

個体化に先立って存在する前個体的なものが、普遍的なものであれば、前個体的なものと個体との中間にあるものはどのようなものになるのか。普遍的なものであれば普遍的なものに普遍的なものをいくら付加しても個体には届かないし、もし個体的なものであれば、個体を説明するのに論点先取を行っており、説明にならない。前個体的なものを実体化してしまうと、当然抜け出せない袋小路に入り込む。

シモンドンの狙いは、「個体化そのものに先立ち、個体化を説明し、個体化を生じさせ、個体化を導くことのできるような個体化の原理が存在する」（シモンドン『個体化の哲学』邦訳三頁、宇佐美『シモンドン哲学研究』一一〇頁）という考えを批判することだ。この点について、宇佐美達朗は丁寧に論点を説明する。

> こうした理解（＝前個体的実在の実体化）が個体化の原理の批判と抵触するのは、個体化に先立って存在するもの――アルケーあるいは絶対者としての前個体的実在――に対して最大限の存在論的価値を与える点において、すなわち個体を前個体的実在に従属させる点においてである。そのとき前個体的実在は、あらゆる個体化に先立って存在しており、個体という不完全な存在がそこから発生してくるような完全な存在という身分を持つことになる。（宇佐美『シモンドン哲学研究』一一〇頁）

道具立ては違うが、中世末期の唯名論の主張は個体化は存在しない、個体化の原理は存在しないということであり、この宇佐美による整理と重なっている。

この点とも関連してくるのだが、「不調和」という語にもこだわりたい。disparité が原語である。スコラ哲学までさかのぼると、お互いに述語づけられず、矛盾しあうこともなく、空間的に引き離され分離しているが、しかしながら、一つの基体において合一されるものと説明されている。色と音がその例として挙げられている。スコラの感覚論では色と音は別々だが、共通感覚において一つになるから、例として理解できる。disparatus という現代の哲学用語として落ち着かない用語も中世では頻繁に使用されたというわけではないが、重要な用語であった。概念として相互に離れ、矛盾対立することもないが、しかし共通の基体を持ちうるような「乖離した」概念なのである。一般には「一義的」と対立する概念なのである。乖離しながらも、結びつき得るような微妙な概念が disparatus であり、ドゥルーズのテキストにも頻繁に登場し、邦訳では「不均衡」「齟齬」「不均等性」「不調和」などと訳されてきた。この用法は、スコラ哲学の用法と完全に一致している。師のガンディヤックの影響なのか、ドゥルーズの用語法には正確なスコラ哲学の継承が見出されるのである。

> 個体化の前提条件は、シモンドンによると準安定なシステム（un système métastable）が存在することである。このようなシステムが存在することを知らなければ、前に述べた二つのアポリアに落ち込むことになる。そして、準安定なシステムとはどういうものであるかと言うと、少なくとも二つの大きさが「不均等」（disparation）であるということ、二つの不均等な現実の尺度があってその間に相互的な交通がいまだ存在していないということである。したがって、そこには非対称の状態としての根本的な差異が含まれているのである。（ID:121 邦訳 ID1:180, DC1:258、一部訳文に原語を付した）

内包量や強度は不均等な次元の間、異質なものからなる秩序の間に成立するということが示されている。そして、次の箇所にドゥルーズがシモンドンから受けた影響の最も重要な点が示されている。

シモンドンの考えの重要性はすでにここに現れている。個体化の前提条件を見つけることで、シモンドンは特異性と個体性を厳密に区別したのである。というのも前‐個体的であるとされた準安定状態は完全に特異性を備えており、この特異性が潜在的なものの実在と配分に関連しているからである。（中略）個体的であることなく特異的であること、これがまさに前‐個体的な存在の状態なのである。（Singulier sans être individuel, tel est l' état de l' être pré-individuel.）それは差異（differenece）であり、不調和（disparité）であり、不均等（disparation）である。（ID:121 邦訳 ID1:181, DC1:259、原文、原語を一部付した）

disparité と disparation は双方ともフランス語で安定しない表現だが、日本語でも「不均等」「不調和」とさまざまである。しかしそれらはすべて乖離状態を表し、概念相互の矛盾関係ではなく、しかし離れ合い、しかも共通性を持ちうるものなのだ。これにドゥルーズがこだわったのも理解できる。

シモンドンの枠組みも複雑だが、ここで注意すべきなのは、「準安定」ということと前‐個体的状態であるものとしての特異性ということだろう。準安定状態とは、過飽和水溶液のように、そのままでは安定しているとしても、特異であって個体性が潜在的に溶けている状態だ。個体に先立ちながらも、個体を決定し、潜在性においてそこに成立しているものなのだ。ダマスケヌスの「実体の無限の海」のイメージがここにも現れている。

ドゥルーズがシモンドンから受けた圧倒的な影響は、一九六六年の書評「ジルベール・シモンドン　個体とその物理――生物学的な発生」に明らかであり、それがそのまま『差異と反復』（一九六八年）に引き継がれている。

> 強度は個体化を遂行するものであり、もろもろの強度量は個体化のファクターである。〔中略〕どのような個体性〔個性〕も、強度的であり、したがって、滝のように落ちるものであり、水門によって水位を調節するようなものであり、しかも〔相互〕連絡的であって、要するに個体性とは、その個体性を構成する諸強度において差異を即自的に含み肯定するものなのである。（DR:317 邦訳 DR2:207）

このことが、シモンドンの指摘として、個体化は何よりもまず、或る準安定状態、すなわち或る「齟齬のはたらき」の存在を前提していることと相即するのだ。

前個体的な状態、特異性、準安定状態が重なり合っている。これらの特異性という概念群こそ、ドゥルーズの個体化論の鍵となる。個体化の生じる前と後の状態は、ポテンシャルにおける落差があり、ポテンシャルの落下こそ、個体化なのだが、その際、前個体化状態とは個体性のない状態ではなく特異な、独自の個別性を備えている。その場面で「個体性」と「特異性・個別性」の区別が際立ってくる。

この特異性とは、「問題的」（problématique）とも言われる。「問題構成、問題論的配置」と言ってもよい。この問題性、プロブレマティクを廣松渉は「問題論的構制」と訳した。問題が成立している配置なのだ。諸要素の配置が或る答えを求め、その答えとして個体化が生じる。

> 個体化は、一定の問題の解を求める作用として、あるいは同じことだが、ポテンシャルの現実化として、さらに、齟齬するものたちの〈相互〉連絡として出現する。個体化の作用とは、問題を除去することではなく、齟齬の働きの諸要素を統合して、それらを、内的な共鳴を保障するカップリングの状態に置くことなのである。個体は、したがって、前個体的なひとつの半身と隣接しているのであるが、ただしこの半身は、それ自体において非人称的なものであるというよりも、むしろ、そうした前個体的なもののもろもろの特異性の貯水池なのである。（DR:317 邦訳 DR2:207-208）

ここにも、中世の個体化論とほとんど同じ問題が現れている。大事なのは、質料形相図式による個体化も、未限定なるものが限定を受けて個体化が成立するという論点を乗り越えるものであることだ。これが中世個体化論の課題であり、その点で中世とドゥルーズは重なる。アリストテレス的質料形相論への批判において重なり、そしてこの批判もシモンドンの個体化論とぴったり重なる。

中世個体化論は、たとえば顔の識別による個体の認識を考えれば早わかりができる。特定の人間を顔で見分ける場合、我々は一般的な顔という素材の上に、或る個人に特有な髪形や、目の大きさ、目鼻立ち、耳の位置などを付け加えていって、個人を認識するのではない。そういう認識をする者は、ルイス・キャロルと同じように顔貌失認に陥るだけだ。顔で個人を認識するとは、一度にすべてを認識するのであって、一般的な顔概念に外の人間から区別するための基準を付加していって、或る特定の個人であることの成立条件の確率を計算して、人違いの可能性の十分な低さを確信した後で、「〜さん」と呼び掛けているわけではない。人間が顔貌によって個体認識するのは、AIによる仕方とは異なっている。

ここで理解すべきなのは、特異性と個体化と〈此性〉がどう関連するのかということだ。それが分かれば、個体化論に関する読者のミッションは終了する。しかし、最後の出口で歩みを逆転させ、再び迷路に導くことがドゥルーズの真骨頂だと思う。出口のないこと自体が出口であること、そこに一つの真実がある。

ここで、「準安定」ということも、不調和、前個体的実在、ポテンシャルということと重なるものである。準安定なシステムとは、すでに見たように、二つの大きさが「不均等」であるということだった。そこには非対称の状態としての「根本的な差異」が含まれているのである。

準安定な状態とは、根本的な差異が含まれ、その差異が潜在的なエネルギーとして、強度的な場を形成しているのだ。準安定状態は問題性と重なることになる。

シモンドンの個体化論はどのような特徴を持つのか。ドゥルーズは、『意味の論理学』において、シモンドンへの大きな依拠を宣言し、五つの特徴として、場のポテンシャル・エネルギー、セリーの内的共鳴、膜の位相的表面、意味の組織化、問題性の地位を挙げながら、結論に関しては離れると明言している。

α：被限定項（determinabile）——β：限定作用（determinans）——γ：限定態（determinatum）

「限定されていない限定されうるもの」「限定するもの」「限定されたもの」

α：被個体化項（individuabile）——β：個体化（individuans）——γ：個体（individuatum）

αは未完成で一般的なものとされてきた。βが作用で、γが伝統的には完成されたものと考えられてきた。そしてシモンドンとドゥルーズは、αに個体性の起源を見出そうとするのだ。その結果、αとβとγは重なるものとなる。ここにシモンドン的世界が現れるのである。

アリストテレス的な図式である「質料形相図式」においては、質料が未限定的なもの（determinabile）で形相が限定原理（determinans）である。個体化の場面では、形相や何性は一般的なもの・普遍的なものであるので、未限定的なもの（determinabile）となる。ところが、一般的なものから個別的なものへと至る存在者の階梯（scala entium）においては、形相が限定原理であるから、その形相をさらに限定して個体に至らせる原理は別なところに探すしかない。そこで、トマスは質料を再び持ち出し、指定された質料という新しい原理を持ち出し、質料に個体化の機能を担わせたのである。限定する機能を有する質料こそ、「指定された質料」なのである。

スコトゥスが批判しようとしたのは、determinabile – determinatum という二項図式、能動と受動という硬直した図式だったのである。

近世に入ってライプニッツは、『個体原理論』でスコトゥスを批判して、「形相的区別がなければ、〈此性〉は成り立たない」とするが、これは determinabile – determinatum という図式の批判であったと考えると話が分かりやすくなる。ライプニッツは、『個体原理論』でスコトゥスを批判しているが、それは当時のバロックスコラにおけるスコトゥスの誤解を踏まえた、スコトゥス批判だった。ライプニッツの立場はスコトゥスに近い。ライプニッツはそこで、「自然本性が自らを個体化する（natura possit individuare seipsam）」という論点を出している。これは、シモンドン＝ドゥルーズの図式と重なる。ドゥンス・スコトゥスの〈此性〉がこの枠組みと重なるのかどうか、慎重に検討する必要はあるが、重なると考えるのが、ドゥルーズであり、私もまた重なると信じている。

3 〈此性〉の形而上学

先ほど見たように、ドゥルーズは、シモンドンと結論部分でのみ離れると記している。ここで考えられている結論とは何か。ドゥルーズは、シモンドンの個体化論に五つの契機を認め、それぞれから圧倒的な影響を受けたと明示している。しかし、結論において離れると述べている。確かに、個体化の記述について、準安定状態＝特異性がポテンシャル空間であるという論点は継承しながらも、それ以上の展開はない。

両者は倫理学の領域で離れる。〈此性〉の享受の条件をドゥルーズは考えるが、シモンドンにはない。個体性の享受のための神学をシモンドンは準備していない。

ドゥルーズは、精神分析、無意識、欲望、時間、享受というように、個体性の倫理学を語るための多層的な枠組みを有している。

ドゥルーズがシモンドンから離れるということは、個体化論の内部における特定の論点というよりも、個体化論が配置されている理論の枠組みであるように思われる。それは思想における倫理学的側面配置ということだと考えられる。たしかに、ドゥルーズに倫理学的側面が濃厚かと言えば、それは否定的に答えるしかない。しかし、ドゥルーズに倫理がないということではない。シモンドンの個体化論においても、倫理は語られている。しかしシモンドンにおいて倫理学的気配は希薄である。ドゥルーズとシモンドンの個体化論はドゥルーズが大きな影響をシモンドンから受けているから似ているのは当然であるのだが、両者は倫理においてかなり違った位置にあると思う。

その違いとは、ドゥルーズにおいては〈此性〉が中心概念としてあるが、シモンドンにはないということだ。〈此性〉とは、私は、享受の可能性の条件を語る圏域であると思う。シモンドンの個体化論には、情報がある限りで倫理が存在するが、シモンドンの語る個体化とは準安定状態との連鎖としての生成という過程であり、「万物流転（パンタレイ）」こそ、個体化なのだ。それを否定したいのではなく、そういう枠組みでは完全にすり抜けてしまう問題構造がある。享受の可能性の条件の考察である。もし享受の可能性を語ること、つまり善という対象が実在的であれ実体的であれ関係であれ、享受を可能にする条件を問うものが、超越論的問題を分有するものが、倫理学だとすれば、シモンドンの枠組みには享受の話題は亡霊としても顔を出さない。その意味では、倫理学が欠如している。

ドゥンス・スコトゥスが個体化の原理を論じたことは、個体化論の歴史において重要である。スコトゥス自身の中でも、用語法も枠組みも変化しており、しかも〈此性〉という枠組みは複雑であり、簡単に説明することは難しいが、乱暴に説明するとすれば、次のようになる。

つまり、スコトゥスの〈此性〉は、神の〈個体本質〉（haec essentia）をモデルにしていて、神の個体本質とは、ユダヤ教やイスラームと共通するように、「アブラハムの神」ということでも、自然神学的に語られる「無限存在」ということでもなく、父・子・聖霊からなる三位一体の神である。この神はキリスト教固有の神であるとともに、理性によって認識可能なものではなく、享受の対象としてある。享受の成立条件は、何らかの対面・直視（visio）によるのであり、その対面の条件はアナロギアでは不十分であり、存在の一義性を踏まえた至福直観こそ対面を可能にするものだったのである。もちろん、至福直観は現世の人間には不可能であるが、にもかかわらず可能なものでなければならない。〈個体本質〉は、主語述語といった概念レベルに成立するものではない。〈個体本質〉は、享受されうるもの＝享受の対象（fruibile）であり、享受の可能性の条件を準備するものだったのである。

被造物の〈此性〉とは、神の〈個体本質〉を踏まえているものだ。スコトゥスの語る〈此性〉は人間には認識不可能であるとされたり、量が個体化の条件にならないのか、本質では不十分なのか、二重否定ではなぜだめなのか、論じるべき議論は多いのだが、人間もまたある意味で享受の対象になるのであれば、その条件に関わるものが、〈此性〉であるという見通しを立てることは、様々な意味で話を見やすくする。

一般的なものに特殊性が付加された個体化が進むと考える場合、個体は普遍的なものを目的とする手段・道具に陥りやすいのである。享受の対象が、それ自体で愛されるものになるためには、手段目的連関からも、類種の存在論的階梯からも離れて、捉えられる必要がある。話を端折るために、飛躍した例を用いれば、〈此性〉とは「一期一会」のことなのである。ドゥルーズが、夕方の一陣の風を〈此性〉と呼ぶことにも窺えるように、ドゥルーズは〈此性〉を一期一会のように考えていたと言ってよいだろう。

享受(fruitio)とは、中世の倫理学を考える場合に最も重要な概念だ。〈記号〉を享受することはできるのか。奇妙な問い方かもしれない。しかし、〈もの〉と〈記号〉との対比は享受論の中心の一つなのだ。〈もの〉としてはその対象を享受することはできる。しかし、対象を〈記号〉として見たとたん、〈もの〉は表面から消えて、使用されるべきもの、道具になってしまう。美しい花の飾りが新入生であることを示す記号となるとき、花は〈もの〉ではなくなり、〈記号〉となり、消えてしまう。花は花として見られるのではなく、記号となってしまう。花は花である限り享受されうるが、花が〈記号〉となるとき、享受の対象とはならない。いや、使用され享受されるという、混合的な享受の対象となる。交換や売買の対象は使用され、純粋に享受されるわけではない。人間が無邪気に純粋な享受をめざそうとすると、天使的享受論になってしまう。質料性を有している以上、純粋な享受は目指すべきではない。そして、〈此性〉は、純粋享受の対象、あくまで可能な対象という理念としてあるのだろう。

享受とは或る〈もの〉にそれ自体のために愛をもってよりすがることである(Frui est enim amore inhaerere alicui rei propter se ipsam)。ところが使用とは、役立つものを、愛するものを獲得することに用いることである。(アウグスティヌス『キリスト教の教え』第1巻第4章、引用者訳)

享受ということの重要性を知るためには、あまりにもシンプルすぎて、見過ごしてしまいそうな説明だ。他のもののためにではなく、それ自体のために心を繋ぎ止めるということ、それは神学的な特性を備えるには当たり前の概念のように見える。

しかし、享受という概念は、カトリック神学の全ての輻輳点とも言うべき概念だ。記号として他の物を示したり、他の目的のために使用されることは、享受と対立する。そして、人や〈もの〉への態度は、同一のものであるとしても、「使用」において関わることと、「享受」において関わることの二つに分かれる。アウグスティヌスから、ボナヴェントゥラ、ドゥンス・スコトゥスといったフランシスコ会の系譜においては享受ということがことさら重視され、そしてこの享受の対象として、個体ということが重視される。

顔は識別されるための徴表の集合なのではない。個体化とは識別し、唯一のものを成立させるための条件の集合としてあるのではない。享受の対象としてある、歌声が識別のための物理現象ではないように。私には、ドゥルーズの〈此性〉へのこだわりに、中世神学における享受論の名残を濃厚に感じてしまう。そして、〈此性〉こそ、倫理神学の根本概念であるとすれば、ドゥルーズにも〈此性〉の享受を基礎とし、そこに一つの倫理学があると言えるのではないか。倫理学の探求対象としての「善」もその内実を探求していくと雲散霧消していき、享受の対象としてあることが、絶対善のあり方と言えるのかもしれない。倫理学の基礎は、善という対象ではなく、そういう対象への態度としての享受、善なるものへの態度としてあるのかもしれない。ドゥルーズも同じではないのか。

もし、このように見てよいとするると、ドゥルーズとシモンドンの違いは、倫理学ということにあると考えてもよいだろう。

シモンドンは、「情報が存在する限り倫理が存在する」(ID:124 邦訳 ID1:185, DC1:263) と述べる。ここで、情報とは、「二つの齟齬する実在が系となりうる次元を個体化の働きが発見するときに生ずることとなる意味連関」(宇佐美前掲書一一六頁、シモンドン『個体化の哲学』邦訳一八頁) のことだ。

シモンドンは倫理学にも確かに注意を向けている。「個体化の理論は情報概念を介して倫理を提示することができるか」(宇佐美前掲書二二六頁、シモンドン邦訳前掲書五四八頁)、「倫理とは、それによって規範と価値のあいだに意味のある相関が存在するような要請である」(宇佐美前掲書二二七頁、シモンドン邦訳前掲書五五四頁)、「倫理は情報が存在する限りで存在する。情報とはすなわち、さまざまな存在がもつ要素間の齟齬を乗り越え、そうして内部であるものを同時に外部であるようにする意味連関である」(宇佐美前掲書二二七〜二二八頁、シモンドン邦訳前掲書五五五頁)。

ここで、特異性という、シモンドンにおいてはポテンシャルとしての環境であるものが、ドゥルーズにおいては別の意味を持ちうる。もちろん、それはシモンドンが乗り越えようとした前－個体的実在の実体化につながらないのか、という批判も成り立つ。でもここにこそ、ドゥルーズとシモンドンが袂を分かつ分かれ目があるのだろう。

特異性とは、非人称的で前‐個体的な超越論的場であるものだが、それはやはり〈自我〉や〈我〉や〈此性〉を放り出して語られているわけではない。

特異性は、真の超越論的な出来事である。（中略）特異性は、個人的・人称的であるどころか、個体と人格の発生を取り仕切る。すなわち、それ自体としては〈自我〉も〈我〉も備えていない「ポテンシャル」の中に特異性が割り振られると、ポテンシャルは自己を現実化し自己を実現しながら〈自我〉と〈我〉を生産する。（LS:125 邦訳 LS1:187）

そして、「無名でノマド的で非人称的・前‐個体的な特異性が蠢いている世界が開かれるとき、終にわれわれは超越論的な場を踏む」（LS:125 邦訳 LS1:187）と語るとき、ドゥルーズはシモンドンとの歩みの同調を確認する必要もない地点に到達しているのだ。ここで、シモンドンを卒業したと言ってもよいだろう。

ドゥルーズにとって、〈此性〉こそ大事にされるべきものだ。私は、ドゥルーズの哲学を〈此性〉の享受神学と呼んでみたくなるのだ。神など登場しないではないかと怒る人がいるだろう。しかし、スピノザが人格神を否定したとき、無神論を目指していたわけではなく、また唯物論と神の存在が対立するわけでもないことをスピノザは見通していて、そのスピノザをこよなく「愛して」いたドゥルーズが無神論者であったとは到底思えない。無神論的神学は当然のことながら断固として存在する。存在しなければならない。

神の三位一体を神の〈個体本質〉として見、それが被造物における〈此性〉の範型としてあって、この〈此性〉の形而上学がドゥルーズの哲学であるとすれば、ドゥルーズにも〈ドゥルーズの神〉があったと言ってもよいのだろう。正統的宗教者は断固としてそれを迫害するのだろうが。

> 人称や主体、あるいは事物や実体の個体化とはまったく違った個体化の様態がある。われわれはこれを指して〈此性〉heccéité と呼ぶことにする。ある季節、ある冬、ある夏、ある時刻、ある日付などは、事物や主体がもつ個体性とは違った、しかしそれなりに完全な、何一つ欠けるところのない個体性をそなえている。(MP:318 邦訳 MP2:208)

非人称的で非主体的なあり方でありながら、それは〈此性〉なのである。西洋の近代的な主体主義、個体主義とは異なる実在性が語りだされている。ここで、少しばかり、〈此性〉に漂う東洋的香りを確認しておいてもよいだろう。

> 東洋は主体性や実体性にもとづく個体化よりも、〈此性〉にもとづく個体化をはるかに多く含みもっている。たとえば俳句は、複雑な個体を構成する流動的な線として、数多くの指標をもっているのでなければ成り立たない。(MP:319 邦訳 MP2:208)

そうか、〈此性〉とは、「一期一会」だったのか。群衆のただなか、行きかうタクシーの間を縫って散歩するとき、散歩もまた一個の〈此性〉なのだ。

〈此性〉、霧、そしてまばゆい光。〈此性〉には始まりも終わりもないし、起源も目的もない。〈此性〉は常に〈ただなか〉にあるのだ。〈此性〉は点ではなく、線のみで成り立つ。〈此性〉はリゾームなのである。(MP:321 邦訳 MP2:213)

存立平面は〈此性〉だけをその内容とする、とドゥルーズは記す。世間とは一期一会の海なのだ。構成要素は、それぞれがかけがえのない、比較も対比も不可能な〈此性〉を備えているのである。二つの一期一会から共通性を抽出しようとする東洋人はいるはずがない。個体化はそこになんとかして共通性を見出そうとしてしまう。一般的なものに何が付加され、限定することで、一期一会が存在すると考えたければそれもよいだろう。

「水と水のあいだ」、あるいは「時と時のあいだ」、「犬と狼のあいだ」〔たそがれ時〕、トワイライト、またはツヴィーリヒト〔たそがれ〕、〈此性〉。つまり別の環境に移る動きをありのままの姿でとらえたものがリズムなのである。大地に着陸し、海に着水し、あるいは空に飛び立つ……。(MP:385 邦訳 MP2:324)

そして、次のように〈此性〉への愛を歌う。

ある日、ある季節、ある〈事件〉の個体性とは何か？　より短い一日やより長い一日は、厳密にいえば外延ではなく、外延に特有の度合である。それは暑さや色彩などに特有の度合があるのと同じことだ。したがって偶有的形相は、組み合わせ可能な数々の個体化からなる「緯度」をもつことになる。一つの度合や一つの強度は一個の個体、つまり此性 Heccéité であり、それが他の度合や他の強度と組み合わさって、もう一つの個体を形成する。（MP:310 邦訳 MP2:191）

動物そのもの animal tantum とアヴィセンナ由来の言葉を語り、精神分析による現代哲学の壊乱を突き進みながら、〈此性〉の享受を語るところは、裏声のドゥルーズ節なのだろう。散歩もまた一個の〈此性〉なのだ。ここまで来れば、ドゥルーズの語っていたことが哲学であろうとなかろうとどうでもよいことが分かる。そして、ドゥルーズとガタリの両名で書かれた『千のプラトー』において神託めいて語られていた思想が、『ディアローグ』においては、啓蒙的に書かれており、ドゥルーズのモチーフが分かりやすく解説されている。

散歩それ自身がひとつの此性である。不定の、しかし不確定ではない冠詞と名詞において、人物を指し示すのでなく出来事を印づける固有名において、未分化ではなく、諸々の生成とプロセスを構成する不定法の動詞において表現されるものが、此性である。このタイプの言表行為を必要とするものが、此性なのである。《此性》＝《出来事》。それは生の問いであり、この仕方で、このような平面に従って、あるいはむしろこのような平面の上で生きることである。（D:111 邦訳 D:157）

風という個体性、それこそ〈此性〉だ。それは哲学的概念なのか、つぶやきなのかわからないがそれでもよい。生涯は風の中径なのだから。吹きそよぐ風や散り乱れる桜花が〈此性〉であるとすれば、桜咲き乱れ、散り吹雪く、うつろいこそ〈此性〉ということではないのか。〈此性〉が充満する日本の園にドゥルーズを招いてみたかった気にもなる。さあどうぞ、ドゥルーズ、桜の園へ！　風との逢瀬、桜との逢瀬、いや命という逢瀬。

第七章

無人島と可能世界

最後の章に来てしまった。ドゥルーズの姿をどこまで描けたのか分からない。私としては、哲学史の光景の中にドゥルーズを位置づけたいと思ったのだ。そのために、私ができることは、ドゥルーズが依拠していた中世スコラ哲学、とりわけドゥンス・スコトゥスやアヴィセンナといった思想との関連を探ること、そしてドゥルーズの中にある東洋思想的な姿を取り出すことだった。残りのところでは、ここまでのところで、何度か触れながらも、不十分に思えたところとして、受動的総合の流れと、そして東洋的な側面がドゥルーズには強く見られることを示して、終わりとしたい。

1 受動的総合という基調

受動的総合は『差異と反復』に用いられ、その後もよく用いられる。ドゥルーズを特徴づける用語というよりも、現象学的な用語であり、発生的現象学において重要な基礎概念である。なぜ受動的かと言えば、自我の関与なしに自ずから生じるので、能動的な作用ではなくて、そして外部の他者からの作用を被るという純粋な受動性ではなく、主体性を構成する総合の作用でもあるがゆえに、受動的総合ということだ。無意識の働きと似たような側面を有する。フッサールにおいて、能動的総合は、外界から得られる知覚感覚所与について、地と図を分離し、図が自我を触発し、それを素材として、把握する、関係づける、数える、述定するなど能動的総合を行い、そこからイデア的対象を産出する。そういった能動的対象はまもなく消失するが、それらは反復されることで自我極に沈殿し、習慣（ハビトゥス）として存続する。このハビトゥスは、当初の受動性と異なり、第二の受動性として、能動的総合の土台となる。自我が能動的に形成する総合ではなく、自ずと成立してくる総合であり、いわば中動相的事態なのである。

精神の働きにおいて、能動的な契機を受動的な契機より重視するのが、西洋哲学の基調であった。情念も感覚も習慣も受動であって、能動的な主体の能力としての知性や理性や意志によってコントロールすることが人間の行為の模範的形式とされたのである。

こういったコントロール原則が、圧倒的に哲学的場面を支配してきた。しかしながら、新型コロナにしろ地震にしろ台風にしろ人間の十分な制御下にあるものではない。「人新世」という用語が流行している。人間の活動が地球の自然環境を変動させている時代である。能動的に地球環境を変化させたというよりも、人類の活動の副作用だ。目指した作用（主作用）において能動的であっても、目指されていなかった副作用においては主体は能動的ではない。しかし、人間が唯一の相において行為しようとしても、人間の側の方で身体的にも精神的にも多相に及ぶ仕方で行為がなされ、その結果も多相に及ぶ。多相に及ぶあり方、そしてそれらの相の中に齟齬が生じ、そのポテンシャルが流れるときに、出来事が生じる。主体と言い能動性と言い、そういった多相的な事象の生起の中で一つの相に視点を絞り、手段目的連関に収められ、コントロールできたことを能動的と呼んだにすぎない。そのようなか細い糸のごとき事象の連なりに、手柄や名誉や意味や責任といった、人間がそれを求めて競争し争う幻想（ファンタスム）の万華鏡たる人間社会を見るとき、その意味合いをドゥルーズは内在平面という用語に込めたような気がする。

情念や感覚や享受といったことに重要な意味付けをしたいとしたら、「受動的総合」ということを基礎に置くしかない。「充足」という一見心理学的でありながら、必要条件を準備し、物事の成立の十分条件を準備し、成立させるという意味での「充足」という、幾分関数概念の名残を残した意味での「充足」を持ち出したい。食べ物の甘さへの満足を自分で意志的に成立させることはできなくて、感覚の閾値や習慣や学習によって構成される満足の基準は、満たされれば自ずと満足という充足が生じる。楽しみも快楽も享受も達成感も幸福も、いや善も美もそのように成立する。主観的なものにすぎないという見方ではない。主体と客体、原因と結果、内部と外部、能動と受動といった二元論を見事にすり抜ける事態が現れている。そういった傾向への反動が、二十世紀後半以降の哲学の流れなのだろう。もちろん、こういった情念や感覚や受動性への着目は東洋では昔から思想の基調であった。しかし、そういったものは、類似した多数の概念が粘着し合い、融合したり、干渉し合い、常に錯雑の相を積み重ねてきた。その意味で、二元論的な枠組みは明晰に語ることにおいて利点が多いのだ。ドゥルーズの語る哲学が錯綜を極めるのは、彼の扱うテーマの広がり、その内実、その方法からして当然のことなのだと思う。明晰で朝の光に照らされたように輪郭のはっきりした哲学など、ドゥルーズ哲学では呪詛されるべきものだ。私はそう思う。

話を戻す。フッサールにおいて、受動的総合は能動的総合の土台であり、必ずしも中心的意義を担うものではない。しかし、ドゥルーズにおいて、受動的総合は中心的な位置を占めるようになる。

これはどのように考えればよいのか。哲学史的な展開のなかで考えれば、概念・観念を基礎とする哲学が主流を占める中で、哲学史には別の系譜が存在している。概念を基礎とする流れとは、アリストテレス主義であり、概念・観念に中心性を置く流れは、近世に入っても合理主義、経験論、ドイツ観念論、現象学と圧倒的主流を占めてきた。近世に入って「観念の道」ということが語られるが、主知主義的な流れが一方にある。

別の流れも存在してきた。主意主義と言ってもよいかもしれないが、主意主義という言葉自体が十九世紀の産物であり、その内実ははっきりしない。ハンナ・アーレントが『精神の生活』においてトマス・アクィナスを主知主義、ドゥンス・スコトゥスを主意主義と整理して対比的構図を作り出そうとした。

主知主義と主意主義の対立は、善を求める行為において、知性が先立つのか意志が先立つのか、という形式で論じられるが、知性と意志は時間的な前後関係で発動するわけではないため、そのような形のままでは論じにくい。トマスとスコトゥスにおいては、人間の意志は悪を欲することができるのか、という形式で論じられた。トマスにおいて、意志は理性的欲求であり、知性によって善と認識された対象を欲求することができるのであって、自然本性的に人間の意志が悪を欲することはできないとされた。スコトゥスにおいては、人間の意志の自由を強調し、悪を欲することもできると述べたのである。

この主意主義の流れはアウグスティヌスに一つの起源を有し、意志を知性に従属する欲求能力とするアリストテレス主義とは違って、意志と愛との結びつきを重視し、愛は対象をそれ自体で、つまり何かほかの目的のためにではなく求めることであり、善であるがゆえに愛するわけではない。

この主意主義の流れは、唯名論や信仰義認論などにも入り込んでいくのだが、情念論の系譜に貫入し、ヒュームの思想に浸透している。ヒュームが認識よりも信念を、観念よりも印象を重視したことは、その系譜学的探究においては膨大な作業が待ち構えているとはいえ、私には十分成り立つ見方だと思われる。ドゥルーズが、概念（コンセプト）に代えて、知覚の対象として被知覚態（ペルセプト）、感情の対象としての変様（アフェクト）を立ち上げ、ペルセプトとアフェクトを並列し、それらの連鎖として芸術作品への立ち向かいを考えていたことは、主意主義の流れに身を浸していたことの兆候として見ることができると思う。

『差異と反復』を読んで、思想の目鼻立ちも姿形も分からないまま、読み方について途方に暮れていたとき、これはヒューム論ではないのか、と思って入り口が見つかったような気になれたことがある。ヒューム論と限定するにはあまりにも内容が多様なのだが、ヒューム論ということは、時間についての三つの総合という基本図式とも結びつき、都合がよい。

反復は、反復する対象に、何の変化ももたらさないが、その反復を観照する精神には、何らかの変化をもたらす。ヒュームのこの有名なテーゼは、わたしたちを問題の核心に連れてゆ

く。(DR:96 邦訳 DR1:197)

第一の時間の総合とは、生ける現在において成立している縮約(contraction)であり、外部からの刺激が、感光板としての精神に像を刻むことだ。そして、複数の瞬間を縮約して、融合して、重みをもった印象を作り上げる。

ここで印象ということには注意を喚起しておきたい。この印象という一見受動的でしかない精神への作用も、「受動的総合」の場合と同様に、精神の構成的契機を示している。

人間の精神に現われるすべての知覚は、二つの異なる種類に分かれる。それらをそれぞれ、「印象」および「観念」と呼ぶことにする。両者の相違は、それらが精神を打ちわれわれの思惟または意識に進入する際に有する、勢いと生気の度合いに存する。最大の勢いと激しさを伴って精神に入って来る知覚を、「印象」と名づけることができる。私は、この名のもとに、心に初めて現われるわれわれの諸感覚、諸情念、諸情動のすべてを含める。「観念」という語で私が意味するものは、思考や推論に現われる、それら印象の生気のない像である。(ヒューム『人間本性論　第一巻』普及版、木曾好能訳、法政大学出版局、二〇一九年、一三頁)

ここで、「ヒューム革命」が生じていたのだ。誰にも気づかれない静かな革命であり、その意味では悲しい革命だったのだが、革命であることに違いはない。裏声で喝采すべきだったのだ。

観念とは生気のない像（the faint images）でしかないのだ。哲学はアリストテレス以来、専ら概念や観念を対象としてきた。ヒュームは、観念を「生気のない像」として副次的な役割を与え、印象を中心に持ってこようとする。ヒュームは信念という概念を提起し、それを認識の代わりに用いた。ヒュームは印象という概念を提起し、それを観念の代わりに用いた。この一節で、ヒュームはデカルト『方法序説』のなかでの「我思う故に我あり」の後に続く、大転回を引き起こしたと思ったはずだ。しかし気づいた人はいなかった。気づいた人がいようがいまいが、ここで情念論への近代的入り口が措定されたのは確かだと思う。

印象とは外的事物の精神への印刻という受動的な意味で用いられていた。生気のある知覚が心に生み出される過程ではなく、生気ある知覚そのものを表す。これは当時の慣用とは異なるものであり、これに対応する語は英語にも他の言語にもないとヒューム自身が明言している。

ヒュームをカントの先駆者として捉えるような発想がドゥルーズの超越論的経験論の基本的発想だ。『経験論と主体性：ヒュームにおける人間的自然についての試論』は、一九四七年二十二歳のときの研究論文を基礎として、一九五三年に単行本として出されたものである。早熟の天才の様をまざまざと示す著作だ。もちろん、後年のドゥルーズらしさが目立つように出ているわけではないが。ただ、ヒュームの思想がドゥルーズの中で大きいものと評価する場合には、その影響について見当をつけておく必要はあるだろう。私として知りたいのは、信念と認識の関係、印象と観念の関係をヒュームが語る点にどれほどドゥルーズが興味を示しているかということである。ドゥルーズの核心をどこに見出すのか、というドゥルーズ理解とも関わってくるのだが、ドゥルーズの中心として受動的総合があるのではないかというのが、私の見通しなのだが、信念や印象へのドゥルーズの関心が具体化しているとしたら、それは後年のドゥルーズの潜在的顕現と言えるかもしれない。

もう一つ触れておきたい概念がある。持続だ。持続も、ドゥルーズにおいて重要な用語だ。ベルクソンが重要概念として哲学の中心に据えながらも、のっぺりとした概念として捉えられている感じがする。間や中間や通路のように、目鼻のない概念として捉えられがちだ。

持続とは、日本語では何かが同じまま継続している状態として捉えられる。ベルクソンが持続を使用するとき、平板で均質なる存続の意味として用いるのではなく、諸感覚および諸感情の複雑な多様体であり、諸瞬間が自己同一的であると同時に変化しつつある存在で、諸部分が相互浸透しあい、先立つ瞬間と後続する瞬間が交差しあうような状態なのだ。

ベルクソン自身、持続ということをそれ本来の純粋な姿で表象するのは信じがたいほどに困難であると述べる。外から観察して記述しようとすると、空間化して、継起なき相互外在性に転化してしまうのだ。哲学的概念に対するこのような感じ方は重要だ。

料理の味を言語で表現する試みと同じように、持続を言語で記述しようとすることが不可能であることは、一般に感覚や感情や意志作用において当たり前のことであり、言語化できないことは敗北の証ではない。ともかくも、持続とは質的な多様性であり、複数の意識状態が互いに有機的に組織化しあい、互いに浸透しあい、次第により豊穣なものと化していく質的進展のことなのだ、という近似的表現で十分だと思う。

言葉や概念は出来事を盛り入れる容器であり、小房へと区分され構造化された概念は出来事を受け入れることはできない。

ドゥルーズが一九六六年に出した『ベルクソニズム』においても、持続概念の重要性は強調されて語られている。持続とは、生成、持続的にある生成のことであり、実体そのものもある変化なのである。実体が変化するという実体論的思考で考えてしまうと根本的に大間違いしてしまう事柄が語られていて、変化そのものが実体なのである。持続の根本的な性質である連続性と異質性、同一性と変化・多様性とが両立する事態こそが持続なのである。

空間的な多様体と時間的な多様体が区別され、時間的多様体であるものが持続なのである。

> 重要なことは、混合物の解体が、われわれに二種類の「多様体」を明らかにするということだ。その一方は空間によって表象される（むしろ、ニュアンスすべてを考慮すれば、等質的時間の不純な混交物によって表象される）。それはすなわち、外在性、同時性、並置、秩序、量的分化、程度の差異の多様体であり、つまり、非連続的で現勢的な数的多様体である。もう一方は純粋持続のなかで現れる。それは、継起、融解、組織化、異質性、質的識別ないし本性的な差異の内的多様体であり、つまり、数に還元されない潜在的で連続的な多様体なのである。（B:31-32 邦訳 B:34-35）

硬くて動かない実体を基礎とする哲学への徹底的な反発がここにはある。基体や実体や主体を予め存在するものとして前提しない。ドゥルーズは発生を問う。しかも、超越論的統覚といった一般的で普遍的な主観の生成ではなく、経験的な主体の生成を問う。超越論的経験論というのはそういう意味である。

カントは「対象にではなく、対象一般についての私たちのア・プリオリな概念に関わる認識」を超越論的と名づけた。対象一般というどこにもないような対象についての認識を行う主観は、主観が成立する条件を満たしており、超越論的主観を分析することは、認識することがそもそもいかにして可能なのかを示すことにもなる。超越論的経験論、ここにドゥルーズの出発点がある。凝縮された濃密な経験を出発点にしながら、それはいつも新鮮な輝きを有している。

わたしたちは、主体に関して、どのようにして主体は所与のなかで構成されるのかと問う。まさにこのとき、批判は経験的批判である。所与の構築が退いて、主体の構成が登場しているのである。もはや所与が一個の主観［主体］に与えられるのではなく、主体［主観］が所与のなかで構成されるということだ。ヒュームの功績はもとより、そのような経験的問題を、［カントにおける］超越論的［先験的］問題から遠ざけておくことによって、またそればかりでなく心理学的問題からも遠ざけておくことによって、純粋な状態で解き放ったところにある。（ES:92 邦訳 ES:130-131）

このデビュー作（一九五三年）の時点では、未だ「超越論的経験論」という概念にまでたどり着いていないが、ヒュームがカントの超越論的問題を準備したという見通しをドゥルーズはつけていたのだ。

経験の可能性の条件を問うのが超越論的探究であった。カントの場合、特定の主体の成立の条件ではなく、特定の主体に関してではなく、ア・プリオリに、つまり経験に先立って、経験を可能にしている、したがっていかなる特定の主体にもなっていない場面に定位して、探究するのがカントの道であった。前人称的な次元から出発して非人称的な次元に進むのだ。しかし、ドゥルーズは、ヒュームの導きを借りて、前人称的な場面から人称的な場面に道を進む。これが超越論的経験論の道だった。超越論的経験論は、経験的なものの形象に準《なぞら》えて写し描こうとしないための唯一の手段なのだ。

経験論とは、未見にして未聞の、このうえなく発狂した概念創造の企てである。経験論、それは、概念の神秘主義であり、概念の数理主義である。しかし、経験論は、概念をまさに、或る出会いの対象として、〈ここ－いま〉として、あるいはむしろエレホン Erewhon として取り扱う。エレホンとは、そこから、異様に配分されたつねに新しいもろもろの「ここ」と、もろもろの「いま」が尽きることなく湧き出てくる国である。(DR:3 邦訳 DR1:16)

「エレホン」という楽しい言葉に対して、ドゥルーズは「バトラーのエ、レ、ホ、ン、Erewhon は、わたしたちには、no-where の偽装であるばかりでなく、now-here をさかさまにしたものでもあるように思われる」（DR:365n 邦訳 DR2:365 註7）と楽しい注釈をつける。ユートピア（どこにもない場所という意味のギリシア語）を英語にすれば、nowhere でそれを逆から綴れば、ディストピアとしてのエレホンが得られる。それが「今ここ（now-here）」であるという指摘は、今ここだけが創造の場面であることの確認として重要だ。「ここがロドスだ、ここで跳べ」（Hic Rhodus, hic saltus）という有名な言葉がある。跳躍すべき場所は、過去の理想郷にあったり未来にあるのではなく、今ここにしかないというのはきわめてドゥルーズ的なのである。

ベルクソンの持続概念への評価と、超越論的経験論という発想は重なるし、カント哲学の起源がヒュームにあったというドゥルーズの指摘は異様でもなんでもなく、彼の目からすれば当然すぎる。そしてこの当然視を共有できなければ、ドゥルーズは遠い異人の思想のままだ。

共立平面（plan de consistance）も内在も逃走線も、ヒエラルキー世界、つまり神聖な始原を持つ階層的な世界を破壊し、横溢する「平等の浜辺、一義性の浜辺、アナーキーの浜辺」なのだ。「逃走線」はドゥルーズがとても好んだ用語だ。ガタリとの共著に数多く登場するから、ドゥルーズ＝ガタリが好きな用語と言った方がいいのだろう。「逃走」というのは、『差異と反復』におけるノマド的な表象と合致するから、ずっと好まれていたとしても、「逃走線」としてお気に入りになるのは、『カフカ：マイナー文学のために』（一九七五年）以降のことのようだ。

この「逃走線」というのは、明確なイメージにおいて使用されているのに、なかなかその具体的内実が伝わってこない。概念の出所を説明しないところは、謎解きの楽しみを後世に残しているからよいことだと思う。しかも十分手掛かりは残していて、説明の必要もないと思っていたのだろう。

逃走線（ligne de fuite）、本来は遠近法の用語から借用され、逃げ道や抜け道の意味をも持つようになった単語のようだ。ただ、この逃走線は遠近法の彼方にある消失点に向かって引かれた線であって、この消失点として動物そのもの（animal tantum）が考えられていることは、確実である。消失点はその画面上に現実的な点として描かれることはないが、そこを目指して、数多くの線が集約する点でもある。動物そのものという地点は、理性的で制度的な束縛から免れるために目指されるべき点なのだ。「脱領土化の先端」という言い方もしばしばなされるが、逃走線の先にある消失点はまさに脱領域化の先端としての機能を持っている。

アレンジメントは情念的であり、欲望の編成である。欲望は、自然的あるいは自然発生的に決定されるものではなく、もっぱらアレンジし、アレンジされ、組み立てられて存在する。

（MP:497 邦訳 MP3:106）

すべてのアレンジメントは欲望のアレンジメントである。たとえば、遊牧民が発明したアレンジメントであり、人間－動物－武器、より具体的には人間－馬－弓といったものがアレンジメントであり、それらが戦争機械となり、情念を行動の道筋へと整序していくのだ。情動を配列すること、そして作業の動線と行程を確定することが、アレンジメントの構造なのである。
内在性、内在平面はともにイマネンスなのだが、これもまた配列のことだから内在性でも平面でも線でも配列でもいずれでもある。これが共立性（consistance）、つまり一緒に成立していることと言い換えられても、不思議ではない。

『差異と反復』『意味の論理学』までは、ドゥルーズは暗黒空間を高速で飛び交う青白い鬼火なのに、『アンチ・オイディプス』『千のプラトー』『哲学とは何か』などで、ガタリと共著となると、地面を走るような感じになって、思索のスピードがゆっくりとしたものになっているように思う。中期までは勢いで突っ走る感じがあって、ブラックサンダー的興奮の中でドゥルーズ体験をしている感じになれるけれど、『アンチ・オイディプス』以降は、観光バスツアー経験か、バスツアーでジェットコースターを見学しているような感じがする。

2　東洋的ドゥルーズ

最後の手前に、ドゥルーズの中に仄《ほの》めくオリエンタリズムに触れておく。ドゥルーズは、初めから確定的なものとして与えられている実体や理性や政治制度や国境といったものが嫌いだ。だからこそ、出来事や狂気や脱領土化や逃走線やノマドといったものを好むのだ。流動的で、あらゆる場面で内在性を使用しながらも、用いられる概念はいつも局所的で部分的で、同じ言葉が用いられていても、テキストによって意味が微妙に異なり、しかも連続もしている。そして新しい概念を次々と創造していく。

こういった物事の進行は、ヘラクレイトスの「万物流転（パンタレイ）」とも相通じるが、東洋的な発想と接近するところが多いように思われる。何度か指摘してきたが、ドゥルーズ自身東洋思想を本気で学んだ形跡はないが、自分自身で東洋的な側面を意識していたこともある。『意味の論理学』において、善問答を援用する場合もそうだ。禅問答が重要なのは、パラドックスに相手を追い込みながら、実はパラドックスを成立させている可能性の条件に遡及すれば、パラドックスは解決できるという問題解決法であった。

出来事をめぐる形而上学も、縁取りの淡くにじんだ墨絵で描かれるような造影だ。

出来事は、指示される対象ではなく、表現されるか表現されうる対象、決して現前しないが常に既に通り過ぎ未だ来たるべき対象である。（LS:161 邦訳 LS1:240）

純粋な出来事というのは、自らが廃棄されることで自らを示し、空虚の中に位置を占めるものである。ただ、ドゥルーズが用いる「君が棒を持っているなら、私は君に棒を与える。君が棒を持っていないなら、私は君からそれを取る」という禅の公案はあまり分かりやすくはない。もちろん、このぎこちなさこそ、惚れ込むべきところだ。そのような禅の例を援用しながら、命題の意義の不条理さや空虚さを通して、出来事の姿を顕現させようとしている。そして、そういった示し方は、造園・華道・茶道・弓道・剣道において見られると語る。剣道において典型的なように、刀の一閃が真空から登場する。

廃棄される意義と失われる指示を横切って、空虚は、意味や出来事がそれ固有の無－意味とともに創作される場所であり、場所だけが場所をとるところである。空虚そのものは、パラドックス的要素、表面の無－意味、常に移動する無作為抽出点（le point aléatoire）であり、そこから意味としての出来事が湧き出てくる。（LS:162 邦訳 LS1:240-241、原語を一部付した）

東洋的簡素さとは言えないが、空虚の中に意味としての出来事が湧き出てくることに注目していることは明確にうかがえる。描くことなく描くこと、話すことなく話すこと。ここには東洋的意味の構図がある。弓を射ることのない弓の名人という話もまた東洋的である、この話を極端に推し進めれば、ドゥルーズの論述に登場しているわけではないが、名人は弓を射ることなく鳥を射落とすとなっても、それは無という場所で生じる出来事の基本的構図を示しているだけなのである。

禅問答の要点はどこにあるのか。肯定で答えても否定で答えても絶望的状況に陥るように問いを構成することだ。第三項排除の原則＝排中律、二項分割は憎むべき原理だ。シモンドンもまた排中律を用いないこと、あるいは少なくとも相対化することを彼の理解の基本としていた。排中律を否定すること、これはアヴィセンナの馬性の格率においても示されていた。

トロッコに乗っていて、左のレールか右のレールか二つに一つで、左のレールには人が十人縛られ、右には一人だけ縛られている、どっちを選ぶのかというトロッコ問題も、それを功利主義的にどちらか一方を選ばせる形式のなかで問いを考えてしまえば、術中にはまるのである。二つに一つという排中律的選択肢の構図こそがいかがわしいのである。矛盾律はその排中律的いかがわしさを後支えし、しかも言語もまた肯定と否定という二項対立的図式を好み、論理学もまた真偽の二値性で、パラドックスに追い込み、知性をマヒさせる道を好んで敷設してきた。

パラドックスの最も重要なところは、知性を絶望させ、知性の歩みを止めて、知性を思い通りに誘導することなのである。もちろん、知性の歩みを留めさせるために、脅しや暴力や騒音やテロリズムやデマや兵器や祭りや薬物やメディアなどなど、ありとあらゆる方法で目的を遂行する方法が考えられてきた。しかし、知性の合理主義も思索のスピードと知識の量によって相手を殲滅する道具になりうる。味方と敵という対立の構図が先立てば、すべてのものは相手を打ち倒すための武器となる。平和も自由も人権もすべて相手を倒す武器となりうる。

3　無人島の浜辺で

ドゥルーズの哲学をまとめることなどできそうにもないが、私の頭の中で、哲学的概念でないとしても、ドゥルーズを集約する概念として「無人島」ということがある。この無人島の比喩はとてもドゥルーズの心象風景を描いているように思う。そして、私もまた一つの無人島であり、この無人島であることの光景を書いておきたいのだ。

この無人島という譬喩は、多分にトゥルニエの『フライデーあるいは太平洋の冥界』のイメージを下書きにしている。そこでの問題は他者とは可能世界であるということだ。一見突拍子もないように見えて、主観性の哲学や意識の哲学の虚偽を白日のもとにさらしている点で、私には快く、爽快だ。西洋哲学には窮屈なものが多いから。

ドゥルーズは、「無人島の原因と理由」という原稿を雑誌 Nouveax Femina で企画された無人島についての特別号のために準備していたが、発表されないままにとどまった。一九八九年にドゥルーズ自身によって素描された著作目録の中では記載されている。トゥルニエの無人島論は『意味の論理学』の付録の中に「ミシェル・トゥルニエと他者なき世界」と題される章があり、そこにも一部が反映されている。

「無人島の原因と理由」において、ドゥルーズは、島を二種類に分けている。大陸のそばにあり、大陸に付随する大陸島と、大洋に浮かぶ、始原的で本質的な大洋島である。大洋島において島が始原としてあることにドゥルーズは注目する。無始原（アナーキー）として存在一義性や、前人称的非人称的な内在平面が予感されているのかもしれない。

島に人が住めばその島は無人島ではなくなる。しかし、人が住み始めても島は無人島のままであり続けることができるとドゥルーズは語る。漂流者が無人島にたどり着いても、それでその島が無人島たることを止めるとは限らないのだ。

そのような運動が、島から無人を断ち切るのは、見かけに過ぎない。本当は、この運動は、島を無人島として生み出していた飛躍をやり直し、延長する。飛躍を損なうどころか、それを完成し、頂点にもたらす。この飛躍を事物の運動そのものに結び付けるようなある諸条件のなかで、人間は無人を断ち切らない、それを神聖化するのである。島にやって来る人間たちは、現実に島に居着き、そこで住民を増やす。しかし、本当は、もし彼らが充分に分離され、充分に創造的であるのなら、彼らは、ただ島に、島自身についてのひとつの動的なイマージュを与えるだけだろう。島を生み出した運動についてひとつの意識を与えるだけだろう。その結果、島は人間を通して、ついに無人の、人家のない島としての自意識を持つに至るだろう。島とは、単に人間の夢想であり、人間とは、島が持つ純粋な意識であろう。そのためには、もう一度言うが、次のたったひとつの条件が要る。(ID:13 邦訳 ID1:15-16)

無人島に人が住むようになったと言えるための条件は、人がそこに漂着するだけでは十分ではないのだ。人が住む島としての条件とは何か。

人間は、自分を島に導く運動に帰着するのでなくてはならない。この運動が、島を生み出してきた飛躍を延長し、やり直すのである。それなら、もはや地理学は想像的なものと一体でしかあるまい。したがって、昔の探検家たちに親しいあの問題、「無人島にはどんな生き物が棲んでいるのか」には、ひとつの回答しかないことになる。そこに棲むものは、すでに人間である。が、並みの人間ではない。絶対的に分離され、絶対的に創造的な人間だ。つまり、人間の観念《イデー》、原型、ほとんど男神ともなる男、女神ともなる女、偉大なる記憶喪失者、純粋なる芸術家、大地と大洋とが持つ意識、広大な嵐、美しい魔女、イースター島の立像である。ここには、自己自身に先立つ人間がいる。無人島の上のそうした創造者とは、無人島それ自身ではないか。島が初めの運動において想像され、熟考される限りそうなる。大地と大洋とが持つ意識、それが無人島であり、世界の再開に備えている。(ID:13 邦訳 ID1:16)

ここには、ドゥルーズの一生の間存続していた心象風景の原型があるように思う。他者とは、知覚的な場の構造の組織化の条件、絶対的な構造としての〈ア・プリオリ－他者〉として先在しているものだ。可能世界の表現といってもよい。

私は、可能的な他者が見ないし思考しないし所有しないものなら、何一つとして欲望しない。ここに私の欲望の基礎がある。私の欲望を対象に向かわせるのは常に他者である。(LS:355 邦訳 LS2:233)

他者とは現実の他者である必要はない、可能的な他者、他者構造、ア・プリオリな他者が私の欲望を可能にし、世界への関係を作る。他者構造がなければ、欲望の主体もなく、そこには誰もいない。無人島なのだ。可能的な他者がいなければ、〈私〉はそこにあることはなく、無人島のままだ。剝き出しの黒い夜だ。井筒俊彦が「意識のゼロ・ポイント」と呼んだものと重なる。トゥルニエの『フライデーあるいは太平洋の冥界』における記述には次のようにある。

人間のそれぞれは可能世界だった。それぞれが、価値、引力と斥力の焦点、重心を伴い、充分に一貫した可能世界だった。これら可能的なものは、どんなに異なっていても、島の小さなイマージュを現に共有していた。何と簡略で皮相なイマージュか。島のイマージュの周りで人間は組織され、島のイマージュの片隅にはロビンソンという名の遭難者と彼の混血の従僕が見出された。しかし、このイマージュが中心だったとしても、各人にとっての島のイマージュには一時的で束の間のサインが印されていて、島のイマージュは短期間のうちに無へと返される宿命であった。ホワイトバード号が事故で航路を変更したがために、島のイマージュは無から引き出されたわけだが。そうして、可能世界のそれぞれは、おのれのリアリティを素朴に主張したわけである。他者とはそういうものであった。リアルとして通用しようと夢中な可能的なものであった。(トゥルニエ『フライデーあるいは太平洋の冥界』邦訳LS2:236、小泉義之訳を使用)

この箇所に関連して、ドゥルーズは次のように述べる。

他者とは、包み込まれる可能的なものの実在である。言葉とは、可能的なものそのままのリアリティである。自我とは、可能的なものの展開・解明であり、可能的なものが現実的なものへと実現する過程である。（LS:357 邦訳 LS2:236）

可能世界とは、展開され具体化し得る出来事を襞として潜在的に包含しているものだ。自我とは、その可能性に含まれているものを展開していくことだが、他者とはその際、可能世界の潜在性の領野から現実世界へと表出するものなのである。

愛も嫉妬も、或る一つの可能的世界を展開し、具体化し、個体として欲望の対象として獲得することでのみ成立する。可能的世界の現実化は個体化でもある。ここで我々は可能世界を実体化して考えたくなってしまう。だが、それは絶対になされてはならぬ。可能世界のあり方とは、可能世界が表現されてあるその強度的な表現空間であり、表現するものの外では存在していないものなのだ。

可能世界とは「場」なのだ。西田幾多郎が考える「場」をここで思い返しても、場違いではない概念なのである。

ここで語られている構造としての他者は重要だ。「他者とは場の総体の条件となる構造である」（LS:358 邦訳 LS2:237-238）。他者が可能性であるということは、現実世界という島は無人島であって、可能世界に囲まれて、現実性というあり方を可能世界から贈与されることで、やっと初めて現実世界になるということだ。人は時として現実世界を唯一のものとして、その様態として諸々の可能世界を考える。全可能世界の中心に現実世界があり、世界の中心に〈私〉がいると考えてしまう。しかし、現実世界は無人島であり、〈私〉は不在性の座、ひび割れなのだ。〈私〉もまた無人なのである。非人称性、前意識性、非主体性と言おうと、〈動物そのもの〉と言ってもよい。この根源的感覚がドゥルーズにはある。これが懐かしく感じられるとすれば、それは東洋においては「無心」に近いからだろう。私はドゥルーズを東洋の小島に招き入れ、山の麓の草庵の住人にしてしまいたいわけではない。ドゥルーズにはいつも世界中を吹き抜ける風であってほしい。

あらゆる島が、理論上無人であること、あり続けることの理由をドゥルーズは「無人島の原因と理由」で示している。無人（désert）というのは、人が住んでいないということだ。ドゥルーズは、人が住み始めても、人が住んでいても、「無人」だという。

これは訳の分からない奇妙な言説ではなく、人間の意識や主体についても、類比的に適用できる重要な指摘がなされている。人間が出生して新生児となるとき、当人の意識はその身体に住み始めるとしても、無人のままでありうる。意識と身体の関係を無媒介的に直接的に結びついていると信じ込んでしまう人間は、人が住み始めた島を無人島と呼ぶのはおかしいと思うけれど、身体に意識が住み始めることと、島に人が住み始めることは似ている。無人島は人が住み始めても、十分に無人島のままでありうる。

『意味の論理学』の付録にあるトゥルニエ論で語られる「他者構造」というのは、無人島に人が住み始めたと言えるための条件なのだ。だからこそ、〈ア・プリオリ-他者〉と言う。だからこそ、「他者構造」とも言うのだ。

この他者構造は、中世の存在論では偶有性と呼ばれたこともある。アヴィセンナは、外部性、つまりリアルに外部があることでも、リアルな他者ということでもなく、外部性という対立の生成、二元的分割の根源的生成を語っていた。

伝統的に〈存在〉とは、生成の起源であり、肯定と否定という対立が可能となる条件として現れるということだ。矛盾律が矛盾律として基本原理として現れるための、以前にあって、すべてのものの起源の起源、「玄のまた玄」とでも言うしかない事柄として登場する。この論理を拡張すれば、この地球、この世界は理論上いつも無人のままでありうることになる。もちろん、無人であるかどうかが大事なのではない。ある根源的生成をこの理性的な日常言語でぎこちなく、どうしようもなくぎこちなく、どのようにして語るのかということだ。

★★★

〈私〉とは何か。〈私〉はいつも〈私〉の手前にいる。だから、〈私〉は〈私〉となることを通してのみ〈私〉でありうる。ドゥルーズ、あなたの答えはそういうことだったのではないでしょうか。私にはそう聞こえました。
哲学史とは過去に存在していた思想ではなくて、一つの風だ。今・ここでその風を感じることも哲学史なのだ。ドゥルーズ、あなたは青白い鬼火ではなかった。「一つ」の風なのです。

学者としても政治家としても栄光の日々の後に訪れた牢獄の中で、いつ死刑になるのか分からぬ状態の中で彼には哲学という女神が訪問し、その女神との対話を『哲学の慰め』としてまとめた。ボエティウスは永遠性を「限りない生命を同時にすべて完全に所有すること」と整理した。永遠性とは無限に長い時間を生きることではなく、すべてを同時にかつ完全に所有することなのである。時間の中に生きる人間は、過去と現在と未来とを同時に所有することができるとしたら、〈今・ここ〉において、すべてを一つの平面の中に収めることによってである。〈今・ここ〉にこそ、永遠の現実化があるのであり、それを存在の花（flos entitatis）と呼ぼうと〈此性〉と呼んでもどちらでもよいだろう。永遠とは、全体の同時的所有であり、〈此性〉なのである。これを内在平面と言い換えてよいのか、ドゥルーズに聞いてみたいような気がする。

ひとつの超越論的場、ひとつの内在平面、ひとつの生、諸々の特異性。ひとつの傷が、事物の状態と生きられたものの中に、受肉もしくは現働化する。しかしこの傷そのものは、わたしたちをひとつの生の中に引きさらっていく内在平面のうえにあって、純粋にして潜在的なものである。わたしの傷はわたし以前にも存在していた……高次の現働性としての、傷というものの超越なのではなく、つねにひとつの中間（場または平面）にある潜在性としての内在。超越論的場の内在を決定する潜在的なものたちと、それを現働化し、超越するものに変えてしまう可能的諸形態の間には、ひとつの大きな差異がある。（DRF:363 邦訳 DC1:164）

無限なる実体の海の浜辺に打ち寄せるリトルネロの波、有限様態としてのわれわれはそれぞれ一つの波なのだ。無限性とは強大なる力というよりは、波が無限に繰り返されることに現前している。

〈此性〉とは内在平面を吹き抜ける風のことだ。そして〈此性〉は内在性の浜辺に打ち寄せる一つの波なのだ。

参考文献一覧

1．《ドゥルーズの著作・邦訳と略号》

Empirisme et subjectivité: essai sur la nature humaine selon Hume, Paris: PUF, 1953. [ES]
（邦訳：ドゥルーズ『経験論と主体性：ヒュームにおける人間的自然についての試論』、木田元・財津理訳、河出書房新社、二〇〇〇年）［邦訳 ES］

Nietzsche et la philosophie, Paris: PUF, 1962.
（邦訳：ドゥルーズ『ニーチェと哲学』、江川隆男訳、河出文庫、二〇〇八年）

La philosophie critique de Kant, Paris: PUF, 1963.
（邦訳：ドゥルーズ『カントの批判哲学』、國分功一郎訳、ちくま学芸文庫、二〇〇八年）

Le bergsonisme, Paris : PUF, 1966. [B]
（邦訳：ドゥルーズ『ベルクソニズム』、檜垣立哉・小林卓也訳、法政大学出版局、二〇一七年）［邦訳 B］

Présentation de Sacher-Masoch: le froid et le cruel, Paris : Minuit, 1967. [PSM]
（邦訳：ドゥルーズ『ザッヘル＝マゾッホ紹介：冷淡なものと残酷なもの』、堀千晶訳、河出文庫、二〇一八年）

Différence et répétition, Paris : PUF, 1968. [DR]
（邦訳：ドゥルーズ『差異と反復』全2冊、財津理訳、河出文庫、二〇〇七年）［邦訳 DR1, DR2］

Spinoza et le problème de l'expression, Paris : Minuit, 1968.
（邦訳：ドゥルーズ『スピノザと表現の問題』、工藤喜作・小柴康子・小谷晴勇訳、法政大学出版局、一九九一年）

Logique du sens, Paris : Minuit, 1969. [LS]
（邦訳：ドゥルーズ『意味の論理学』全２冊、小泉義之訳、河出文庫、二〇〇七年）［邦訳 LS1, LS2］

Dialogues, avec Parnet, Claire, Paris : Flammarion, 1977; 2e éd. Augmentée, 1996. [D]
（邦訳：ドゥルーズ＋クレール・パルネ『ディアローグ』、江川隆男・増田靖彦訳、河出文庫、二〇一一年）［邦訳 D］

L'île déserte et autres textes : textes et entretiens 1953-1974, Paris : Minuit, 2002. [ID]
（邦訳：ドゥルーズ『無人島 1953-1968』、前田英樹監修、河出書房新社、二〇〇三年、『無人島 1969-1974』、小泉義之監修、河出書房新社、二〇〇三年）［邦訳 ID1, ID2］

L'Anti-Œdipe, Capitalisme et schizophrénie 1, avec Félix Guattari, Paris : Minuit, 1972 ; 2e éd. Augmentée, 1973. [AŒ]
（邦訳：ドゥルーズ＋フェリックス・ガタリ『アンチ・オイディプス：資本主義と分裂症』、全２冊、宇野邦一訳、河出文庫、二〇〇六年）［邦訳 AŒ1, AŒ2］

Kafka : pour une littérature mineure, avec Félix Guattari, Paris : Minuit, 1975.
（邦訳：ドゥルーズ＋フェリックス・ガタリ『カフカ：マイナー文学のために〈新訳〉』、宇野邦一訳、法政大学出版局、二〇一七年）

Spinoza : philosophie pratique, Paris : Minuit, 1981.
（邦訳：ドゥルーズ『スピノザ：実践の哲学』、鈴木雅大訳、平凡社ライブラリー、二〇〇二年）

Critique et clinique, Paris: Minuit, 1993.
（邦訳：ドゥルーズ『批評と臨床』、守中高明・谷昌親訳、河出文庫、二〇一〇年）
Le Pli: Leibniz et le baroque, Paris: Minuit, 1988.
（邦訳：ドゥルーズ『襞：ライプニッツとバロック』、宇野邦一訳、河出書房新社、一九九八年）
Mille plateux, Capitalisme et schizophrénie 2, avec Félix Guattari, Paris : Minuit, 1980. [MP]
（邦訳：ドゥルーズ＋フェリックス・ガタリ『千のプラトー：資本主義と分裂症』全３冊、宇野邦一・小沢秋広・田中敏彦・豊崎光一・宮林寛・守中高明訳、河出文庫、二〇一〇年）［邦訳 MP1, MP2, MP3］
Qu'est-ce que la philosophie?, avec Félix Guattari, Paris : Minuit, 1991. [QPh]
（邦訳：ドゥルーズ＋フェリックス・ガタリ『哲学とは何か』、財津理訳、河出文庫、二〇一二年）［邦訳 QPh］
Deux régimes de fous : textes et entretiens 1975-1995, édition préparée par David Lapoujade, Paris : Minuit, 2003. [DRF]
（邦訳：ドゥルーズ『狂人の二つの体制 1975-1982』、宇野邦一監修、河出書房新社、二〇〇四年、『狂人の二つの体制 1983-1995』、宇野邦一監修、河出書房新社、二〇〇四年）
ドゥルーズ『ドゥルーズ・コレクション』全2冊、宇野邦一監修、河出文庫、二〇一五年［DC1, DC2］
ドゥルーズ『ドゥルーズ　書簡とその他のテクスト』、宇野邦一・堀千晶訳、河出書房新社、二〇一六年

2. 《略号一覧》

AŒ：ドゥルーズ＋ガタリ『アンチ・オイディプス』
B：ドゥルーズ『ベルクソニズム』
D：ドゥルーズ＋パルネ『ディアローグ』
DC：ドゥルーズ『ドゥルーズ・コレクション』（邦訳、河出文庫）
DR：ドゥルーズ『差異と反復』
DRF：ドゥルーズ『狂人の二つの体制』
ES：ドゥルーズ『経験論と主体性』
ID：ドゥルーズ『無人島』
LS：ドゥルーズ『意味の論理学』
MP：ドゥルーズ＋ガタリ『千のプラトー』
QPh：ドゥルーズ＋ガタリ『哲学とは何か』

3. 《欧文参考文献》

Bousquet, Joë, *Les Capitales: ou de Jean Duns Scot à Jean Paulhan*, Paris: Le cercle du Livre, 1955.

Gilson, Étienne, *Jean Duns Scot: Introduction à ses positions fondamentales*, Paris: Vrin, 1952.

Micraelius, Johannes, *Lexicon philosophicum: terminorum philosophis usitatorum*, Stettin: 1662; Reprint, Düesseldorf: Stern-Verlag, 1966.

Artaud, Antonin, *Œuvres complètes, tom. IX*, Paris: Gallimard, 1979.

Klossowski, Pierre, *Nietzsche et le cercle vicieux*, Nouvelle édition revunue et corrigée, Paris: Mercure de France, 1969.（邦訳：ピエール・クロソウスキー『ニーチェと悪循環』、兼子正勝訳、ちくま学芸文庫、二〇〇四年）

Simondon, Gilbert, *L'individuation à la lumière des notions de forme et d'information*, Grenoble: Millon, 2017.（邦訳：ジルベール・シモンドン『個体化の哲学：形相と情報の概念を手がかりに』、藤井千佳世監訳、法政大学出版局、二〇一八年）

4.《和文参考文献》

アガンベン、ジョルジュ『思考の潜勢力：論文と講演』、高桑和巳訳、月曜社、二〇〇九年

アルトー、アントナン『ロデーズからの手紙』、宇野邦一・鈴木創士訳、白水社、一九九八年

アルトー、アントナン『アルトー後期集成（全3冊）』、宇野邦一・鈴木創士監修、河出書房新社、二〇〇七〜二〇一六年

オッカム＋渋谷克美『オッカム『大論理学』註解』、渋谷克美訳注、創文社、一九九九〜二〇〇五年

オッカム『『七巻本自由討論集』註解Ⅱ』、渋谷克美訳注、知泉書館、二〇〇七年

クロソウスキー、ピエール『かくも不吉な欲望』、小島俊明訳、現代思潮社、一九六九年

クロソウスキー、ピエール『歓待の掟』、若林真・永井旦訳、河出書房新社、一九八七年

クロソウスキー、ピエール『ロベルトは今夜』、若林真訳、河出文庫、二〇〇六年

トゥルニエ、M.『フライデーあるいは太平洋の冥界』、榊原晃三訳、岩波現代選書、一九八二年

バディウ、アラン『ドゥルーズ：存在の喧騒』、鈴木創士訳、河出書房新社、一九九八年

バディウ、アラン『推移的存在論』、近藤和敬・松井久訳、水声社、二〇一八年
ヒューム、デイヴィッド『人間本性論　第一巻：知性について』、木曾好能訳、法政大学出版局、二〇一一年、〈普及版〉：二〇一九年
ブスケ、ジョー『傷と出来事』、谷口清彦・右崎有希訳、河出書房新社、二〇一三年
ホプキンズ、ジェラード・マンリー『ホプキンズ詩集』、安田章一郎・緒方登摩訳、春秋社、一九八二年
ホルワード、ピーター『ドゥルーズと創造の哲学：この世界を抜け出て』、松本潤一郎訳、青土社、二〇一〇年
モンテベロ、ピエール『ドゥルーズ　思考のパッション』、大山載吉・原一樹訳、河出書房新社、二〇一八年
ラプジャード、ダヴィッド『ドゥルーズ　常軌を逸脱する運動』、堀千晶訳、河出書房新社、二〇一五年
宇佐美達朗『シモンドン哲学研究：関係の実在論の射程』、法政大学出版局、二〇二一年
宇野邦一『ドゥルーズ：群れと結晶』、河出書房新社、二〇一二年
江川隆男『存在と差異：ドゥルーズの超越論的経験論』、知泉書館、二〇〇三年
江川隆男『アンチ・モラリア：〈器官なき身体〉の哲学』、河出書房新社、二〇一四年
大森晋輔編『ピエール・クロソウスキーの現在：神学・共同体・イメージ』、水声社、二〇二〇年
木鎌安雄『ホプキンズのキリスト教』、南窓社、一九九四年

黒木秀房『ジル・ドゥルーズの哲学と芸術：ノヴァ・フィグラ』、水声社、二〇二〇年
小泉義之『ドゥルーズの哲学：生命・自然・未来のために』、講談社現代新書、二〇〇〇年：講談社学術文庫、二〇一五年
小泉義之『ドゥルーズと狂気』、河出書房新社、二〇一四年
小泉義之『ドゥルーズの霊性』、河出書房新社、二〇一九年
小泉義之・鈴木泉・檜垣立哉編『ドゥルーズ／ガタリの現在』、平凡社、二〇〇八年
國分功一郎『ドゥルーズの哲学原理』、岩波現代全書、二〇一三年
小林卓也『ドゥルーズの自然哲学：断絶と変遷』、法政大学出版局、二〇一九年
近藤和敬『〈内在〉の哲学へ：カヴァイエス・ドゥルーズ・スピノザ』、青土社、二〇一九年
近藤和敬『ドゥルーズとガタリの『哲学とは何か』を精読する：〈内在〉の哲学試論』、講談社選書メチエ、二〇二〇年
鹿野祐嗣『ドゥルーズ『意味の論理学』の注釈と研究：出来事、運命愛、そして永久革命』、岩波書店、二〇二〇年
高橋康也『ノンセンス大全』、晶文社、一九七七年
中井久夫『分裂病と人類』、東京大学出版会UP選書、一九八二年：東京大学出版会UPコレクション、二〇一三年
仲正昌樹『ドゥルーズ+ガタリ〈アンチ・オイディプス〉入門講義』、作品社、二〇一八年
納富信留『ソフィストと哲学者の間：プラトン『ソフィスト』を読む』、名古屋大学出版会、二〇〇二年

檜垣立哉『ドゥルーズ入門』、ちくま新書、二〇〇九年
檜垣立哉『瞬間と永遠：ジル・ドゥルーズの時間論』、岩波書店、二〇一〇年
檜垣立哉『ドゥルーズ：解けない問いを生きる』、ちくま学芸文庫、二〇一九年
檜垣立哉・小泉義之・合田正人編『ドゥルーズの21世紀』、河出書房新社、二〇一九年
松本卓也『創造と狂気の歴史：プラトンからドゥルーズまで』、講談社選書メチエ、二〇一九年
森田裕之『ドゥルーズ『差異と反復』を読む』、作品社、二〇一九年
山内志朗『普遍論争：近代の源流としての』、平凡社ライブラリー、二〇〇八年
山内志朗『存在の一義性を求めて：ドゥンス・スコトゥスと13世紀の〈知〉の革命』、岩波書店、二〇一一年
山内志朗『「誤読」の哲学：ドゥルーズ、フーコーから中世哲学へ』、青土社、二〇一三年
山内志朗『湯殿山の哲学：修験と花と存在と』、ぷねうま舎、二〇一七年
山内志朗『新版　天使の記号学：小さな中世哲学入門』、岩波現代文庫、二〇一九年
山内志朗「唯名論と中世末期の倫理学の構図」、座小田豊・栗原隆編『生の倫理と世界の論理』、東北大学出版会、二〇一五年所収
山内志朗「〈ある〉の第三領域：アヴィセンナ存在論の影響」、土橋茂樹編『存在論の再検討』、月曜社、二〇二〇年所収
芳川泰久・堀千晶『増補新版　ドゥルーズキーワード89』、せりか書房、二〇一五年
渡辺洋平『ドゥルーズと多様体の哲学：二〇世紀のエピステモロジーにむけて』、人文書院、二〇一七年

後書き

哲学とは新しい概念の創造だ、ドゥルーズはそう語る。私はこの感覚が好きだ。新しい概念の創造とはどういうことなのだろう。古いものを捨てるということなのか。昔の哲学のテキストや昔の哲学者の思想は打ち捨てようということなのか。ドゥルーズはそんな風には考えない。彼は昔の哲学者に対して大きなリスペクトを持っているのだから。

新しい概念の創造ということは、好き勝手に新語を造ることではない。確かに、ドゥルーズの哲学には様々な新語・新概念が登場する。だが、ドゥルーズの作り出す概念はすべて、哲学史の伝統を踏まえている。彼は概念の地層を乱暴に破壊する人ではない。

だが、そこに緊張と強度が生じる。哲学は、過去と未来との双方を見つめ、古いものと新しいものという対立する力に牽引されて、引き裂かれることになるのではないか。やはり、哲学とは何か、この問いに戻ってきてしまう。

哲学がリアルな学問であるとすると、哲学は本の中にはないことになる。本の中に哲学がないことは、水泳する技術を本に求め何冊も水泳教本を読んでも泳げるようにならないのと同じだ。問題は、どうすれば哲学を学ぶことができるのかということだ。

哲学を学ぶことはできず、哲学することしか学べないとは言われても、ではどのようにして「哲学する」ことを学べるのか。本の中にないとしても、本を通してしか学べないとすれば、本の中のテキストとはどういう存在なのか。

哲学は概念を使いこなすことを含むが、それは自分で練習し、訓練し、習慣的能力（ハビトゥス）に定着させるしかない。それは誰もが分かっていることだ。

哲学の研究と言いながら哲学史の研究ではないかとよく言われる。哲学は現在のアクチュアルな問題を扱うものでなければならない、というセリフはよく聞く。哲学の扱う問題は、目の前にあるものなのか、見ることの手前にあるものなのか。

哲学史は過去の哲学テキストの分析である。哲学ということで、現実の現場で起こっている問題への具体的で直接的な解決策を求める者は、哲学史を現実逃避と責め立てる。そういう言葉を何度も見聞きしてきた。

ドゥルーズは哲学をどのように考えていたのか。ドゥルーズは哲学を概念創造と捉え、そして同時に過去のテキストに向かい、新しい生命を作り出す。確かにテキストをいくら精密に分析解読しても、化石を発掘しているようで、哲学者の体温も哲学者が生きていたときの彼のハビトゥスも感じられないことが多い。だが、ドゥルーズが哲学史に求めているのは、新しい概念の創造ということだ。

その場合、哲学が哲学者の中でなされている現場において、思想の〈此性〉を眼で見て、手で摑まえる感じを求めていたのだと思う。テキストの海原と概念の大海を越えていくことで、向こう岸に辿り着き、現場を感じ、現場を作り出すことができる。

概念とは何だろう。概念とは、かなり特殊な仕方で事物や出来事に関わることだ。少なくとも、私は概念ということが呑み込みにくく、喉にとどまり続けるような違和感を抱いてきた。音楽の場合であれば、言葉による説明が余計なことは多い。名曲を分かってもらおうと言葉による説明を多くすると余計だ。概念は言葉で説明されないと分からない。例えば、「先行的恩寵」、言葉を聞いただけでは分からない。哲学でも、言葉を多くして分かりやすくなるわけではない。言葉が過剰になるとき、言葉はお祭りをし始めるからだ。

概念もまた、聞き入り、鑑賞すべきものが多いのではないか。〈此性〉のように。ドゥルーズが〈此性〉を用いるとき、言葉による概念的理解とは別の次元での表象の流れを感じていたと思う。哲学の概念の分かりにくさに苛立つ者は多いけれど、概念的理解では追いつきにくいドゥルーズがこのように人気があることの機序がこの辺に潜んでいると思う。

すべての概念を理解する必要はないと言っても、中心に位置する概念について、手ごたえと確からしさを感じられなければ、その思想に接近、使用する気持ちにもなれない。中心となる概念を「哲学のへそ」概念と呼ぼう。哲学のへそとなる概念は、理解することよりも、惚れ込めるかどうかが大事だ。そして、哲学の「へそ」となる概念は、哲学者ごとに異なっている。

アガンベンの場合、へそは「閾《いき》」だろうし、ドゥルーズだったら、「内在」が一番目に浮かぶ。様々な概念を練習して身につけるとしても、「へそ」を忘れると、諸概念は乱雑に放り出されたままだ。

ドゥルーズの言う「内在」は、概念とテキストの大海原のことだ。ドゥルーズは、存在の一義性を思想の発端に据え、西洋哲学では過去からずっと「存在」という唯一の声が鳴り響いてきたと語る。とても驚くべき言明であり、そして魅力的な語り方だった。

だが、哲学の言説も、たとえ根底において響く声が一つのままであっても、同じ言葉を繰り返してばかりいるわけにもいかない。そのために、時代も思想家も材料も様々に組み替え多様な仕方で語るしかない。

おそらく、ドゥルーズは誤読することができない哲学者なのだ。どのように彼を読もうと正しい。宇宙を見る一つ一つの視点が中心であるように、読者もまたテキスト宇宙の一つの視点なのだ。「誤読」ということを正当化することは、第一人者・権威（アルケー）を認め、その権威に従うことだ。アナーキーはアルケーの否定だ。内在とは概念の大海であり、それが島に押し寄せて流れとなるとき、その一つ一つの波を〈此性〉と呼んでもよいのだ。

「内在」とは哲学史的な分析によって追いかけるよりも、風の中に〈此性〉として感じ取るべきものだ。私自身はスコラ哲学の中に一生を埋没させてしまったけれど、分かったことは概念の中に哲学はなかったということだ。しかし、そこには〈此性〉が吹き渉っていた。そして、それをドゥルーズの中にも感じ取った。

ドゥルーズは、内在ということにこだわる。そして、そのこだわりをスピノザから相続した。スピノザが内在的原因を語るとき、同時代のヘーレブールの用例を踏まえながらも、卒然と足蹴にするところはスピノザのテキストを読んでいて気持ちがよい。

ヘーレブールは、流出的原因と内在的原因を区別する。当時のバロックスコラの中で両者はあまり区別されていなかったのだ。流出因は、新プラトン主義の系譜において、神から被造物が流出するイメージで捉えられている。しかし、流出（emanatio）を語ろうと、分有（participatio）を語ろうと、それだけで新プラトン主義への加担を意味するわけではない。トマス・アクィナスにおいて、流出や分有の概念の登場を重視して、トマスにおける新プラトン主義の影響が盛んに論じられたときがあった。しかし、トマスへのアリストテレス哲学の影響を過大評価することが誤りのように、新プラトン主義の影響を強く読むのも誤っている。ペトルス・ロンバルドゥス『命題集』を丁寧に読解して、十三世紀の知的環境を確認すべきだったのだが、それはカトリックの枠組みへの深すぎる参入を意味するので、意図的に避けられてきたのだろう。『命題集』の丁寧な読解を取り入れずして、中世哲学や中世神学の理解など、門前の小僧にも遠く及ばない。

流出と創造が対比的に語られることも多いのだが、トマス自身は、創造もまた流出の一種と明確に述べており、流出という概念もまた時代の中で変化し、思想家によって異なるのである。

スピノザの生きた時代において、流出的原因とは、三角形とその属性といったように、因果的依存関係が明確であるのに、両者は別個のものである。たとえば、「三角形」と「内角の和が二直角であること」の間の依存関係に見出される。

それに対して、内在的原因というのは、知性とその概念作用のように、その結果が自らのうちに生み出されるものである。流出的原因の場合、「内角の和が二直角」という属性が、三角形という原因の内部に産出されるわけではない。これに比して、内在的原因の場合は、自己関係性、作用への作用という側面を含んでいる。

だからこそ、内在とは哲学的眩暈であるというドゥルーズの指摘は、彼の哲学史的直観の天才性を示すのに、十分である。彼の直観は不十分という修辞を受け付けない。スコラ哲学への沈潜は、ドゥルーズが準備したリゾームの節々を享受することを妨げるどころか、促進するのだ。私はそこにドゥルーズとスコラ哲学との出会いを確認することができた。


とても個人的なことなのだが、私がドゥルーズの中に見出すものと私が湯殿山の中に見出すものとは通底していた。全く関連のない二つの領域も、一人の人間が考察する限り、私の精神は共通の基体になるのだから、不思議なことではない。私にとって、月山の麓の自然の世界は、特異性であり、内在平面であり、〈此性〉であった。これらはとても個人的な体験でしかない。その意味で〈此性〉にほかならない。私は湯殿山にドゥルーズを感じたのだ。

ミシンとこうもり傘が解剖台の上で美しく出会うことも、ドゥルーズと湯殿山が私の意識の中で出会うことも、偶有的なことではなく、一つの内在平面での〈此性〉としての出来事なのだ。齟齬や誤解があるのかもしれない。しかしこの齟齬や誤解こそ、ポテンシャルを生成させ、思想の流れという〈此性〉を生み出すのではないか。湯殿山が〈此性〉ということなのか、ドゥルーズを読みながらそのことを納得できた。湯殿山においてドゥルーズを読み取ること、それがこの本なのだ。

デビュー論文（「スピノザとマテシスの問題―― Expressio の論理を求めて」『現代思想』一九八七年

九月号）で「ドゥルーズとかいう人」と挑発的に書いてしまったためなのか、そこで生じた心のこだわりが、ドゥルーズへの遥かな旅を引き起こしてしまった。私自身、気づいていなかったのだが、ドゥルーズへの旅が始まっていたのだ。私を導いてくれたのだ。もう私がドゥルーズについて書くことはないだろう。だから、ドゥルーズよ、ありがとう、そして、さようなら。

編集者の上田哲之さんには、たいへんお世話になった。私がドゥルーズについて本を書くというのは、冗談とばかり思った。私のデビュー論文で生じた因縁がこういう形で結実するとは夢にも思わなかった。それ以降、私はスピノザについてもドゥルーズについても正面から書くことはなかったのだから。こういう機会を与えられたことは、〈此性〉の具体的生起を体験するようで面白かった。書いてはならぬと自己に命じたスピノザ論を書くという侵犯は残っているが、ドゥルーズについて書くという第一の侵犯を達成することができた。このような唯一無二の〈此性〉としての機会を与えていただいたことを深く上田哲之さんに感謝したい。

山内志朗（やまうち・しろう）
一九五七年生まれ。東京大学大学院博士課程単位取得満期退学。現在、慶應義塾大学教授。専攻は、哲学。主な著書に、『天使の記号学』『存在の一義性を求めて――ドゥンス・スコトゥスと13世紀の〈知〉の革命』（岩波書店）、『ライプニッツ――なぜ私は世界にひとりしかいないのか』『〈つまずき〉のなかの哲学』（日本放送出版協会）、『普遍論争』（平凡社ライブラリー）など多数。共編著に『世界哲学史（全8巻、別巻1）』（ちくま新書）などがある。

le livre

極限の思想

ドゥルーズ　内《ない》在《ざい》性《せい》の形《けい》而《じ》上《じょう》学《がく》

二〇二一年　一二月　七日　第一刷発行

発行者　鈴木章一

発行所　株式会社 講談社
東京都文京区音羽二丁目一二—二一　〒一一二—八〇〇一
電話（編集）〇三—三九四五—四九六三
（販売）〇三—五三九五—四四一五
（業務）〇三—五三九五—三六一五

KODANSHA

著者　山《やま》内《うち》志《し》朗《ろう》

装幀者　森 裕昌

本文データ制作　講談社デジタル製作

本文印刷　豊国印刷 株式会社

カバー・表紙印刷　半七写真印刷工業 株式会社

製本所　大口製本印刷 株式会社

ISBN978-4-06-525057-0　Printed in Japan　N.D.C.100　250p　19cm

世界樹

もとは北欧神話に出てくる世界を支える樹。
宇宙樹ともいう。
世界の中心に幹を伸ばし、枝葉は世界を覆う。
根は三本あり、それぞれ人間界、巨人界、冥界に伸びている。
根のそばの泉で神々が毎日集い、様々なことを協議し、審判を下す。
生と叡智、思惟の象徴。

le livre

フランス語で「本」を意味する《livre》に定冠詞《le》をつけた「ル・リーヴル」は、講談社選書メチエの中に新たに設けられた特装版シリーズです。従来の講談社選書メチエの枠を超える形式やテーマを試みたり、物質としての本の可能性を探ったりします。

今あらためて「本というもの」を問い直すために——。

講談社選書メチエの再出発に際して

講談社選書メチエの創刊は冷戦終結後まもない一九九四年のことである。長く続いた東西対立の終わりはついに世界に平和をもたらすかに思われたが、その期待はすぐに裏切られた。超大国による新たな戦争、吹き荒れる民族主義の嵐……世界は向かうべき道を見失った。そのような時代の中で、書物のもたらす知識が一人一人の指針となることを願って、本選書は刊行された。

それから二五年、世界はさらに大きく変わった。特に知識をめぐる環境は世界史的な変化をこうむったとすら言える。インターネットによる情報化革命は、知識の徹底的な民主化を推し進めた。誰もがどこでも自由に知識を入手でき、自由に知識を発信できる。それは、冷戦終結後に抱いた期待を裏切られた私たちのもとに差した一条の光明でもあった。

その光明は今も消え去ってはいない。しかし、私たちは同時に、知識の民主化が知識の失墜をも生み出すという逆説を生きている。堅く揺るぎない知識も消費されるだけの不確かな情報に埋もれることを余儀なくされ、不確かな情報が人々の憎悪をかき立てる時代が今、訪れている。

この不確かな時代、不確かさが憎悪を生み出す時代にあって必要なのは、一人一人が堅く揺るぎない知識を得、生きていくための道標を得ることである。

フランス語の「メチエ」という言葉は、人が生きていくために必要とする職、経験によって身につけられる技術を意味する。選書メチエは、読者が磨き上げられた経験のもとに紡ぎ出される思索に触れ、生きるための技術と知識を手に入れる機会を提供することを目指している。万人にそのような機会が提供されたとき初めて、知識は真に民主化され、憎悪を乗り越える平和への道が拓けると私たちは固く信ずる。

この宣言をもって、講談社選書メチエ再出発の辞とするものである。

二〇一九年二月　　野間省伸